중국 모바일 게임시장 이렇게 공략하라

중국 모바일 게임시장 이렇게 공략하라

게임회사가 꼭 알아야 할 중국 시장 공략 가이드

김두일 지음

i!i
에이콘

무모한 도전이 가져다준 돌연변이의 힘

우리를 둘러싼 환경은 항상 변화한다. 그 변화는 간혹 돌발적이라서 속수무책일 수밖에 없지만, 대개의 변화는 우리 행동의 집적물이라고 할 수 있다. 환경에 적응할 수 있었던 돌연변이는 이후 진화의 출발점이 되고, 그렇지 못한 기능은 점차 사라진다. 이는 인류 성장에 관한 이야기만은 아니다. 한국 온라인 게임은 일종의 돌연변이였다. 해외 게임시장이 아케이드와 콘솔 중심이었던 그 시대에 PC, 그것도 스탠드 얼론^{Stand alone}이 아닌 네트워크를 기반으로 다수의 사용자가 함께 플레이하는 경험을 만들어낸 선구적 작업이었다.

물론 세계 최초의 MMORPG를 무엇으로 보는가의 문제를 비롯해, 〈바람의 나라〉를 최초의 그래픽 MMORPG로 볼 것인가에 대해서는 여전히 이견이 있다. 다만 유의미한 대안적 게임시장의 배태^{胚胎}라는 측면에서 볼 때, 한국 게임산업은 선구적 역할을 해냈다고 할 수 있다. 즉 고금을 막론하고 게임산업에 대한 정부와 사회의 규제 및 제재, 다른 콘텐츠와 견주어 현저히 낮은 저작권에 대한 인식 등의 악조건에도 불구하고, 상대적으로 높은 수준의 네트워크 인프라와 PC 보급률, 특히 PC방이라는 새로운 문화 공간까지 등장시킬 만큼, 한국 게임산업은 급변하는 환경에 완벽하게 적응한 돌연변이였다.

그리고 이 돌연변이는 새로운 문화적 경험이 되어 한국인들 사이에 완전히 자리잡았을 뿐만 아니라, 아시아 여타 지역으로 수출되면서 경쟁력 있는 문화 상품으로 자리매김하기에 이르렀다. 개발사들은 앞다퉈 성공 신화를 만들었고, 막연하게나마 IT 문화를 동경하는 사회 분위기를 주도하면서 청소년들에게는 선망의 직장이 되었다. 급기야 자본주의 시장논리에 따라 점차 대형화되면서 세계 게임사에 남을 만한 기념비적인 출사표를 던진다. 여기까지 이르게 되자, 한국 게임산업은 더 이상 돌연변이가 아닌, 지극히 정상적인 성장 가도를 달리는 것처럼 보이게 된다.

어쩌면 바로 이러한 '정상'으로의 조기 진입은 한국 게임산업에 득보다는 독이 되었으니, 실로 대중문화 및 대중사회 곳곳과 충돌하며 기존 통념을 건드리고 깨뜨리던 돌연변이의 일탈적 힘은 빠르게 소진되었다. 그러나 대마불사大馬不死를 과신했던 탓인지, 한국 게임산업은 글로벌 시장에서의 경쟁력을 확신하면서 대규모 자본과 인력을 투입해 블록버스터 신화에 매달릴 따름이었다. 글로벌 시장 진입을 위한 개척정신은 손실 리스크를 상쇄하기 위해 벤치마킹으로 선회했으며, 해외 시장의 변화에 대한 분석과 이해는 콘텐츠 경쟁력에 대한 과도한 자신감으로 인해 뒷전으로 밀려났다.

모험보다는 성공작에 대한 벤치마킹을, 새로운 시장에 대한 도전보다는 기존 시장의 유지를 택한 결과는 지금 여기, 한국 게임산업의 현주소가 그대로 보여주고 있다. 2015년 우리의 게임산업은 글로벌을 지향했으나 여전히 로컬에 안주하고 있으며, 새로운 콘텐츠의 생산국을 표방했으나 내수용 생산 및 콘텐츠 수입국으로 전락했다. 돌연변이의 가능성을 스스로 제거한 한국 게임산업은 이제 어떻게 해야 할까?

여기서 이 책『중국 모바일 게임시장 이렇게 공략하라』를 주목하게 된다. 이 책은 단순한 시장 리포트가 아니며, 데이터와 그래프만으로 진단하는 제한적 해석도 아니다. 즉 살아있는 경험의 보고寶庫로서, 어떤 이들은 쉽게 극복할 수 있거나 혹은 따라 배울 것이 없다고 믿었던 것들이 이 책을 통해 풍부하게 다뤄진다. 중국 마켓의 고유성, 한국 게임시장에서 찾아보기 어려웠던 독특한 BM^Business Model, 특히 VIP 시스템이나 중국인이 생각하는 '시간과 돈'의 교환에 대한 감성적 근거들, 나아가 보상에 대한 인식 차이까지, 상호 이해하기 어려웠기에 판단을 유보했던 다양한 차이가 생생하게 이야기된다. 뿐만 아니라 표면적으로는 쉽게 드러나지 않는 중국의 관행과 제도들, 그리고 파트너십의 문제들이 저자의 현장 경험을 통해 상술된다.

이 책의 가장 큰 힘은 저자 자신이 바로 한국 게임산업의 안정화 단계에서 부정당했던 돌연변이 속성을 담고 있는 데 있다. 저자는 누구보다 빨리 중국 직접 진출을 시도하고, 자신이 만들고 싶은 무협 게임을 무협의 본 고장에 선보이려는 대담한 도전을 했던 만큼, 중국 개발자들과의 협업을 시도하면서 경험한 중국 시장의 A, B, C는 한국 온라인 게임산업을 가능하게 했던 돌연변이적 도전의 온전한 상징이다. 그런 의미에서 이 책은 지금 난관에

봉착해 출구를 찾지 못하는, 혹은 성장통을 겪고 있는 한국 게임산업을 한 단계 높이 끌어올리는 성장촉진제가 될 수 있지 않을까.

박상우 / 연세대학교 커뮤니케이션대학원 겸임교수

"외국인의 눈으로 바라본 중국 게임시장의 모습은?"

중국 모바일 게임시장은 현재 전 세계에서 가장 빠르게 성장하고 있습니다. 하지만 우리가 보편적으로 이해하고 있는 시장과는 매우 다른, 중국만의 독특한 서비스 유통 구조와 환경을 가지고 있고 유저들이 좋아하는 게임의 특성이나 방향성도 여타 국가의 게임들과는 차별화된 면모를 보여주고 있습니다. 이러한 차이점은 외산 게임들이 중국 시장에 들어와서 뚜렷한 성과를 내지 못하는 이유로 작용합니다.

그런 가운데 중·한 양국의 모바일 게임 전문가인 김두일 선생이 『중국 모바일 게임시장 이렇게 공략하라』라는 제목의 책을 출간한다는 소식을 듣고 매우 흥미로웠고, '외국인의 관점에서 바라보는 중국 시장은 어떤 모습일까?'라는 호기심이 생겼습니다. 적어도 그는 중국 게임시장 발전에 큰 영향을 미쳤던 온라인 게임 시절부터 큰 관심을 바탕으로 중국 시장 연구에 열중했던 몇 명 안 되는 외국인인 터라 개인적으로도 큰 기대를 하고 있습니다. 특히 이 책을 통해 중국 모바일 게임의 성공 모델이자 혁신적인 BM의 사례로서 당사의 게임인 〈도탑전기〉를 많이 분석해주신 점도 깊이 감사합니다.

〈도탑전기〉는 제가 롱투게임즈 재직 시절에 발굴한 게임으로, 게임의 외연적인 첫 모습은 그다지 인상적이지 않았지만 게임 자체의 내면적인 깊이와 혁신적인 BM이 큰 성공을 거둘 것이라는 확신이 생겨서 주도적으로 계약 및 서비스를 진행했습니다. 그리고 결국은 제 선택이 옳았다는 것을 결과로 증명한 게임이기도 합니다. 이후에 수많은 〈도탑전기〉 아류작이 나왔지만, 오리지널 게임을 뛰어넘는 성과가 아직까지 나오지 못하는 데 자부심을 느끼기도 합니다. 한국의 모바일 게임업계에서도 〈도탑전기〉의 BM에 대해 많은 연구를 진행했다고 들었습니다. 아마 이 책은 중국 시장뿐만 아니라 중국 모바일 게임의 BM을 분석하는 데도 좋은 대안이 될 것입니다.

저는 창의력을 갖춘 한국 개발사들의 역량을 믿고 있습니다. 세계 최고의 시장인 중국으로 들어오는 것을 두려워 말고 도전하세요. 필요하다면 저희도 여러분의 좋은 파트너가 될 수 있습니다. 좋은 파트너를 만나 충분한 준비와 연구를 거쳐 중국에 온다면 그에 상응하는 좋은 성과를 거둘 수 있을 것입니다.

이 책이 그런 준비에 큰 도움이 되기를 바랍니다. 감사합니다.

왕언직(Wang Yan Zhi) / 가이아모바일(GAEA MOBILE) 대표

지은이 소개

김두일(dooil.kim@gmail.com, http://facebook.com/dooil.kim)

게임업계 입문 20년 차로, 분야로
는 개발과 사업(마케팅), 시장으로
는 한국과 중국, 장르로는 온라인
게임, 웹 게임, 모바일 게임을 두
루 경험한 보기 드문 이력의 소유

자다. 인디21 대표, 아이지에이웍스 중국법인장, 네오윈게임즈 대
표, 킹넷의 고문을 역임했고, 주요 프로젝트로는 〈구룡쟁패〉(개
발), 〈파이터시티〉(개발), 〈에어라인월드〉(개발), 〈오투잼〉(중국 서비
스), 〈모두의 게임〉(중국 서비스), 〈뮤 오리진〉(IP 계약) 등이 있다.

'게임'과 '중국 문화'는 내가 어린 시절부터 가장 큰 관심을 가졌던 것들로, 이 두 가지에 대한 내 특별한 관심은 어른이 되었을 때 중국을 소재로 한 게임을 만드는 직업(게임 개발자)을 가지는 데 큰 영향을 미쳤다. 한국 최초로 중국 무협을 소재로 한 온라인 게임을 만들어 절반의 성공을 경험한 후에도 그 갈망은 더 커졌고, 마침내 중국 현지에 건너가서 중국인들과 함께 중국에서 성공하는 게임을 만들고자 하는 원대하지만 무모한 포부로 이어졌다. 그 목표는 현재까지도 여러 형태의 시행착오를 겪곤 있지만 여전히 진행형이다.

2015년 현재 정체되어 있는 한국 모바일 게임산업의 가장 큰 대안으로 떠오르는 중국은 시장의 규모와 잠재력(발전 가능성)만으로도 한국의 사업자나 개발자들에게 충분히 매력적이다. 하지만 두 가지 어려움 탓에 선뜻 중국 시장으로 진입하지 못하고 망설이는 경우가 많다. '중국을 모른다.'는 막연한 두려움과 '믿을 만한 파트너가 없다.'는 현실적인 문제에 부딪히기 때문이다.

이 두 가지 어려움 가운데 '중국을 모른다.'는 첫 번째 근원적인 문제는 이 책을 통해 어느 정도 해소되기를 바란다. 이 책은 내가 중국에서 본격적인 사업을 시작한 2008년부터 최근에 이르기까지 보고, 배우고, 느낀 내용들을 가득 담고 있다. 특히 한국과 마찬가지로 2012년 이후 급성장하면서 급변하는 중국 모바일 게임시장의 여러 사례들은 훌륭한 참고자료가 될 것이다. 주로 현장에서 직접 경험했던 내용들을 많이 다뤘으므로, 일반인들에게 지금껏 잘 알려지지 않은 흥미로운 비하인드 스토리도 여럿 소개된다.

내가 갈망하는 것은 단 하나다. 중국에서 성공하는 모바일 게임을 만들고 싶다. 만약 내가 직접 만들 수 없다면 남이 잘 만든 것을 중국에 가져와서 성공시키고 싶다. 그것도 안 된다면 남이 만들어서 혹은 가져와서 성공시키는 것을 돕고 싶다. 그게 이 책을 쓴 이유다.

끝으로 이 책이 나오기까지 나의 정신적인 힐러이자 조력자가 되어준 사랑하는 아내 한태영과 삶의 버팀목이 되는 귀여운 두 딸 유정이, 유민이 그리고 자식의 나아가는 길을 묵묵히 지켜봐주신 아버지, 어머니, 여동생에게 이 책을 바치고 싶다.

김두일

차례

프롤로그

■ 중국 게임시장에 대한 오해와 진실

그림: 유영욱
〈게임회사 취업 가이드〉 저자

이미 전 세계 2~3위권 시장이 되었고 요즘 최대 핫이슈로 떠오르는 중국 게임 시장에 대해

전문가를 모시고 이야기를 좀 나누어 보겠습니다.

참고로 여러 시장조사 기관에 따르면, 2016년이면 중국은 1~2위를 다투는 시장이 될 거랍니다.

중국전문가

자, 이미 중국의 모바일 게임 개발 능력이 한국을 앞질렀기 때문에, 지금 중국에 나가봐야 늦었다는 얘기가 있던데...

돈 버는 BM 설계나 압도적인 제작 물량은 중국을 따라갈 수 없지만, 그래도 한국의 기술력은 인정을 받고 있어서, 여전히 중국인들은 한국 게임을 좋아해~

중국은 네트워크 환경이 안 좋아서... 용량이 10메가를 넘어도 안 되고, 데이터에 접속하는 게임도 안 된다고 하던데...

뭔 소리야~ 차이나모바일 LTE 가입자가 올 1월에 이미 1.2억 명을 넘어섰는데...

그리고 중국 애플스토어에서 매출 10위권 안의 게임들은 대부분 네트워크 게임이고 용량도 500메가 이상이라고!

대도시를 벗어나면 3G도 와이파이도 잘 안 터진다고 하던데...

중국이 땅이 워낙 크다 보니 대도시가 아닌 지역에서는 LTE 서비스가 어려울 수도 있겠지만,

그걸 걱정해서 네트워크 게임을 못 만들 정도는 아니여~

그리고 시골가면 한국도 잘 안터져

중국에는 게임 마켓이 수백 개가 있어서
다 대응하려면 완전히 죽어난다고 하던데?

주요 마켓 6~8개만 대응해도
전체 시장의 80%를 커버할 수 있어.

계약도
어렵지만..
계약 내용을
그렇게 잘
안 지킨다고
하던데...

뭐 그런 적도 있었지만,
이제는 결제에 대한 부분이
예전보다 많이 투명해졌어.

계약서에 명시되어 있는
돈을 주지 않는다거나
매출지표를 속이는 일은
이제 없다고 봐도 될 거야~

퍼블리셔가
결제 코드를
몰래 바꿔버려서
우리 게임의
매출을 다른 데로
빼돌린다고도
하던데!!

아!! 아니라고!

이론적으로 불가능한 건
아니지만... 이제는 시장이
성숙해져서 그런 짓을 하다간
시장의 신뢰를 잃고
완전히 매장될 거야!

자, 그럼 다른 얘기로
넘어가서...

광고, 보안, 분석 솔루션으로
한국이나 글로벌 회사의
것을 써도 되나?

그건 어려워!
아마 대부분 검수에서
반려를 당하게 될 거야.

중국의 주요 마켓들은
마켓의 결제 정보나
유저의 정보가
다른 누군가에게
넘어가는 걸 극도로
싫어하거든...

조금만 방심하면 해킹으로 확 뚫린다던데...

HACKER

그건 맞아!! 그래서 모니터링을 실시간으로 계속 해주어야 해~

해킹에 대해 법적으로 대처할 수 있는 파트너사가 그래서 중요하기도 한거고...

애플마켓과 안드로이드마켓 중, 어떤 걸 먼저 시도하는 게 좋을까?

가장 좋은 것은 동시출시지만 그게 어렵다면 애플마켓이야!!

애플마켓은 순위가 투명하고 올리기도 쉽고 거기서 성과를 거두게 되면, 안드로이드에서도 좋은 출발을 할 수 있거든!

내가 애플 빠라서 이러는건 아니고

근데 아직 한국 회사들 중 모바일에서 초대박을 터뜨린 회사가 없잖아.

물론 아직 온라인 게임 미르의 전설이나 크로스파이어처럼 초대박을 거둔 게임은 없지... 하지만 분명한 건 모바일에서도 대박이 터질 가능성은 분명히 높게 존재한다는 거지!

그럼 중국 모바일 게임 시장에 진출하기 위해 어떤 준비를 해야 할까?

자, 그걸 이제부터 이 책을 통해 설명할게!!

시작할 테니 잘 따라오라고!

1장

왜
중국 시장인가

그들이 성공한 이유

모바일 게임 〈전민기적〉은 서비스 오픈 첫날 하루 매출 52억 원, 첫 달 매출 430억 원을 기록하며 중국 모바일 게임사에 신기원을 열었다. 첫날 매출 신기록과 함께 출시된 모든 마켓의 당일 차트를 석권했을 뿐 아니라 샤오미와 긴밀한 협업을 진행해 성공한 첫 번째 게임 사례다 보니, 중국에서 최근 가장 핫한 인물 가운데 한 명인 레이쥔(샤오미의 창업자이자 CEO)이 직접 게임회사를 방문해 덕담을 나누는 훈훈한 모습까지 보여주며 큰 화제를 불러일으켰다. 레이쥔이 이 게임회사를 방문한 것은 이를테면 애플의 팀쿡 CEO나 삼성전자의 이건희 회장이 이제 막 성공의 문턱에 들어선 게임회사를 전격적으로 방문한 것과 마찬가지인 이슈로서 중국 게임업계에서는 일대 사건이었다.

〈전민기적〉의 운영사이자 사업 진행을 맡은 킹넷테크놀로지(이하 킹넷)는 2008년 중국 상하이에서 창업한 회사로, 그 무렵 창업한 회사들이 성공 모델로 삼았던 웹 게임 개발을 기반으로 성장했다. 때마침 중국 내에 불어닥친 웹 게임 열풍은 킹넷이 안정적으로 투자를 유치하고 성장하는 데 가장 큰 영향을 미친 외부적인 요인으로 작용했다. 이후 몇몇 웹 게임 프로젝트를 성공시키고 자체 플랫폼(XY.net)까지 구축한 킹넷은 모바일 시대로 전환하는 시점인 2013년을 중심으로 비슷한 규모와 비슷한 사업 모델을 가진 대부분의 다른 회사들과 마찬가지로 '어떻게 모바일 게임시장에 접근할 것인가?'라는 사업적, 전략적 고민에 직면했다.

사실 이 고민은 시기적으로 다소 늦은 편이었다. 2013년에는 이미 쿤룬 같이 웹 게임 개발로 시작한 후 공격적인 모바일 퍼블리싱 사업으로 전환해서 큰 성공을 거둔 회사도 있었고, 〈피싱 조이Fishing Joy〉라는 싱글 게임 하나로 시작해서 모바일 게임 개발 및 유통의 강자로 떠오른 추콩 같은 경쟁 회사도 있었다. 무엇보다 텐센트가 위챗WeChat, QQ 메신저와 연동된 공격적인 모바일 사업을 본격적으로 시작할 것이라고 선언했기에 온라인 게임에 이어 모바일 게임 분야도 천하통일될 것이라는 관측이 지배적이었다. 후발주자 입장에서는 뒤늦게 뛰어드는 것 자체가 모험이라 고민될 만한 상황이었다.

하지만 고민의 결론은 뻔했다. 중국의 모바일 게임시장은 매년 폭발적으로 성장하고 있고 당분간 그 기조는 변하지 않을 것으로 예측되는데, 개발과 유통에 대한 경험이 있고 자본력도 갖춘 회사가 유망한 신규 사업에 진입하는 것을 망설일 이유가 없었기 때문이다. 현재에 안주하기 위해 미래의 성장을 포기하는 것은 궁극적인 실패로 귀결된다는 것을 그들은 역사를 통해 배웠다. 따라서 킹넷은 모바일 게임 개발과 유통사업에 뛰어들 수밖에 없는 필연성을 가지고 있었다.

다만 그들이 이미 시장을 지배하는 다른 경쟁자를 따라잡기 위해 택했던 전략은 적극적인 IP^Intellectual property(지적재산권) 활용이 었다. 단순히 자체적인 개발 IP만 가지고서는 후발주자로서 선발 주자를 따라잡을 수 없다는 판단이 있었기 때문이다. 현명한 선택 이었다. 유입된 유저가 결제하도록 만드는 BM^Business Model 설계 능력은 그들처럼 중국 웹 게임 기반에서 성장한 회사들이 가진 가장 큰 강점이었지만, 모바일 게임에 신규 유저를 끌어오는 것은 그들이 경험해보지 못한 분야이기 때문이다. 돈으로 모든 마케팅을 해결하는 것은 미련한 일이다. 웹 게임의 유입과 모바일 게임의 유입은 다른 것이라고 그들은 정확하게 자신들의 장점과 한계를 규정하고 있었다.

어째든 그들 내부에서는 중국에서 인기 장르인 액션 RPG^Action RPG(한국의 MMO와 사실상 동일하다고 이해하면 된다.) 분야의 게임 제작을 결정하고, 어떤 IP를 활용해서 개발할 것인가에 대한 갑론을박 끝에 중국에서 가장 경쟁력 있는 게임 IP 중 하나인 〈뮤^MU〉를 그 대상으로 삼기로 결정한다. 그런 결정의 배경에는 지명도 면에서 조금 더 우위에 있는 〈미르의 전설〉이 오래된 2D 그래픽 기반이라 최신 트렌드인 화려한 3D 그래픽을 구현하는 데 어려움이 따르고, IP 사용 협상의 측면에서도 중국 내 〈미르의 전설〉 운영사인 샨다가 자신들보다 대기업인 데다가 호락호락하지 않을 것이라는 두려움이 있었기 때문이다. 결국 그들 입장에서는 최선의 선택이었다.

게임 제작은 순조롭게 진행되었다. 하지만 한 가지 치명적인 문제가 존재했는데, IP 계약이 미처 이뤄지지 않은 상태에서 게임이 제작되고 있다는 점이었다. 만약 〈뮤〉의 원 저작권자인 한국의 웹젠이 IP 사용을 허락하지 않는다면 게임 제작에 관련된 모든 전제는 원점에서 새로 고민해야 했던 것이다. 그들은 과연 웹젠이 순순히 자신들의 IP를 사용하도록 허락할 것이라 자신했던 것일까? 그렇지 않고서라면 100명 이상의 개발 인력과 큰 비용이 투입된 이 프로젝트를 어떻게 자신 있게 진행할 수 있었을까?

결론부터 이야기하자면, 그들에게 원 저작권자인 웹젠의 허락 여부는 처음부터 큰 고민거리가 아니었다. 중요한 것은 〈뮤〉가 중국에서 통하는 IP라는 사실이었을 뿐, 사용 허가를 받아내는 것은 받아내면 좋고 그렇지 못하더라도 다른 '방법'을 찾으면 된다는 식의 매우 나이브한 판단을 하고 있었기 때문이다. 사실은 이것이야말로 전통적인(?) 중국의 방식이다. 아직 IP의 보호라는 측면에서, 특히 외국에서 보유하고 있는 IP의 보호라는 측면에서 매우 취약한 중국의 맹점을 노린 전략이었던 셈이다.

한편 〈뮤〉의 개발사이자 유통사면서 IP 보유권자인 한국의 웹젠은 그 무렵 극심한 경영상의 어려움을 겪고 있었다. 2000년대 초중반까지 웹젠은 〈리니지〉를 출시한 한국 넘버원 게임 개발사인 엔씨소프트에 견줄 만한 게임회사로 성장해 중국 및 해외 시장에서도 놀라운 성공을 거뒀다. 이에 힘입어 웹젠은 나스닥에까지 직접 상장하며 승승장구했으나, 이후 거대 자본이 투입된 대부분의 프로젝트들이 줄줄이 실패하면서 나스닥에서 스스로 상장폐지하고 국내 코스닥으로 돌아오는 등 점차 내리막길을 걷고 있었다. 게다가 모바일 시대로 넘어오면서 〈뮤〉 IP를 바탕으로 자체 제작한 〈뮤 더 제네시스〉가 흥행에서 참패한 탓에 심각한 위기에 직면해 있었다. 다만 이런 가운데에도 여전히 〈뮤〉 IP의 가치가 크다 보니 중국으로부터 그와 관련된 활용 제안을 꾸준히 받고 있었다. 그 제안 회사 중에는 킹넷도 있었다.

원래 IP를 활용한 게임 제작이란 사전 협의가 있어야 한다. 공식적으로 IP를 풀어놓고 결과만 가지고 사용 여부를 결정하는 몇몇 사례가 있지만, 그 또한 원 저작권자의 검수 기준을 넘지 못하면 게임은 출시되지 못하고 이는 곧 프로젝트의 좌초를 의미하게 된다. 따라서 사용 전에 해당 IP 활용 가이드를 위한 충분한 설명과 끝없는 검수시스템을 가지고 있는 것이 일반적인 IP 저작권자들의 입장이다. 그 유명한 디즈니는 말할 것도 없고, 관련 산업이 발달한 일본도 빡빡하기로는 이루 말할 수 없으며 국내의 경우 넥슨의 〈카트라이더〉 같은 게임도 디자인 활용 가이드라는 수백 페이지짜리 문서가 있을 정도다.

웹젠의 〈뮤〉 IP에 계약의 원칙과 그러한 가이드 문서가 준비되어 있는지까지는 알 수 없으나, 적어도 킹넷이 게임 제작 전에 어떤 의논도 없이 이미 상당 부분 게임을 만들고 나서 계약 논의를 해온 부분은 웹젠 내부를 상당히 불쾌하게 했을 것이다. 당연한 일이다. 논의라고는 하지만 사실상 통보에 가까운 것으로 받아들일 수 있는 분위기였기 때문이다. 아울러 '선 제작 후 IP 사용 논의 통보'라는 바람직하지 않은 선례가 만들어지면 중국 내 수많은 개발사들이 어중이떠중이로 마구 게임을 양산해서 품질이 담보되지 않는 결과물이 서비스되고, 이것은 결국 IP의 가치를 손상시키는 치명적인 결과로 이어질 수 있기 때문에 웹젠은 킹넷의 제안을 섣불리 받아들일 수 없는 상황이었다. 즉 IP를 소중한 자산으로 생각한다면 매우 조심스러운 입장에 놓일 수밖에 없었던 것이다.

그 문제가 초반 계약 논의에 상당한 부담으로 작용했지만 총 네 가지의 해법, 정확히 말해 두 가지의 표면적인 이슈와 두 가지의 숨겨진 이슈로 해결의 실마리를 찾았다.

첫 번째 표면적인 이슈는 의외로 게임이 잘 만들어졌다는 것이다. 한국 개발사가 무시해왔던 중국 게임이 이미 한국을 능가할 정도로 기술적 완성도와 화려함을 갖춘 지는 꽤 되었다. 어찌보면 평균 100명 규모의 개발팀이 동원되어 개발했으니 비주얼의 화려함이 눈에 띄었고 모바일에서는 좀처럼 보기 힘든 월드맵의 장점은 온라인 게임 개발사로서 어지간히 높은 눈높이를 지녔던 웹젠에게도 충분히 어필 가능했다. 한국에서는 그 정도의 제작 자원을 모바일 게임에 동원할 곳이 별로 없을 정도의 물량이었기 때문이다. 이 점은 웹젠 입장에서 〈뮤〉 IP의 가치를 떨어뜨리지 않고 충분한 수익을 기대할 수 있다는 안정감을 느끼게 할 뿐 아니라 여타의 '선 제작 후 협상'에 임하려는 중국 개발사(혹은 퍼블리셔)에게 '이 정도 수준은 되어야 우리 IP를 사용할 수 있다.'는 가이드를 자동으로 제공하는 셈이라 만족스러웠다.

두 번째 표면적인 이슈는 한국 판권에 대한 확보다. 사실 이 부분은 킹넷에서 많이 양보한 결과이자 웹젠이 협상을 잘 한 것으로 볼 수 있다. 중국 게임이 한국 시장에서 거둬들이는 수익은 날이 갈수록 커지고 있어 넥슨, 넷마블, 게임빌 같은 국내 대기업들도 자신들이 한국에 서비스할 게임을 중국 시장에서 열심히 찾아다니고 있는 실정이다. 계약금이 수백만 달러 단위로 높아지고 있고 조건도 점점 까다로워지고 있음에도 중국 게임들의 완성도와 시장에서의 약진은 엉덩이가 무거운 그들로 하여금 중국 구석구석을 찾아다니게 하고 있을 정도다. 그러나 중국에서 이미 성공한 게임들은 한국에 설립된 지사를 통해 자체적으로 서비스되곤 한다. 그게 더 수익성이 높기 때문이다. 그런 가운데 웹젠은 초대작 하나를 손 하나 까딱 하지 않고 손쉽게 확보할 수 있게 된 것이니 만세라도 부르고 싶었던 심정이었을 게다.

▲ 〈전민기적〉의 국내판 게임인 〈뮤 오리진〉. 한국에서도 '대박급' 흥행을 기록했다.

세 번째는 숨겨진 이슈로, 중국 회사가 협상 담당자로 내세운 대리인이 믿을 만한 주체였던 점을 꼽을 수 있다. 한국인이면서 게임업계에 충분한 레퍼런스가 있는 사람이 양사를 조율했다. 중국 회사의 입장에서는 자사의 소속이라는 장점이, 한국 회사의 입장에서는 한국인이라는 장점이 어필되었다. 각자 그 협상 대리인을 자기편이라고 생각했다. 이는 협상 자체의 타결뿐만 아니라 협상 시간을 크게 단축시키는 데에도 큰 영향을 미쳤다. 사실 협상의 마무리 과정은 시간에 쫓기는 측면이 있었다. 이미 킹넷에서 〈뮤〉 IP를 기반으로 한 〈전민기적〉 프로젝트가 진행된다는 부분이 미디어뿐만 아니라 유저들에게조차 상당 부분 알려졌기 때문이다. '차이나조이' 즈음에 미디어에 발표하려면 그 전에 계약이 마무리되어야 한다는 시간적 압박은 킹넷의 마음을 급하게 했고, 웹젠도 게임의 완성도가 높아질수록 계약 결과를 초조하게 기다릴 수밖에 없는 상황으로 내몰렸다. 결과적으로 중국 회사의 협상 대리인인 믿을 만한 한국인은 애초에 의도한 부분은 아니었지만 양 사에서 신뢰할 수 있었고 덕분에 빠른 계약 마무리까지 이뤄질 수 있었다.

네 번째 숨겨진 이슈는 웹젠이 회사 경영상 그다지 좋지 않은 상황에 처해 있었던 점이다. 협상이 타결되기 전에 분기 당기순손실이 30억 원에 달할 정도로 실적이 좋지 않았고 주가는 최저점을 찍고 있었다. 이후의 프로젝트 라인업도 모바일 분야에서는 별다른 것이 없었다. 온라인 프로젝트는 끝없는 인내를 요구하는 기다림의 연속이었고, 모바일은 〈뮤 더 제네시스〉 이후에 선뜻 뛰어들지 못하는 상황이었다. 사실 찬밥 더운밥 가릴 처지가 아닐 정도로 급한 쪽이 웹젠이었는데, (당시 협상의 중계자 입장에서 지켜보건 데 그들의) 차분한 협상을 하는 그 뚝심이 놀라울 정도였다. 그 뚝심이 온라인 게임 〈뮤〉 런칭 이후 별다른 성공 레퍼런스를 만들지 못했던 웹젠에게 최고의 행운을 가져다주었다.

이런 우여곡절 끝에 IP 계약을 잘 마무리하고 본격적으로 서비스를 시작한 〈전민기적〉은 그야말로 중국에서 대박을 터뜨렸다. 첫날 52억 원의 매출로 중국 모바일 게임 매출 기록을 거둔 것을 시작으로 중국 애플 앱 스토어 차트와 각종 안드로이드 3자 마켓을 석권하는 대성공을 거둔 것이다. 이후 월 평균 400억 원 이상의 매출을 꾸준히 올리면서 단숨에 중국 모바일 게임업계에 강자로 부상했다. 아울러 가장 성공적인 IP 협업의 사례로 거론되기 시작했고 지금까지 'IP란 그냥 막 갖다 써도 되는 것'으로 인식했던 중국 회사들이 공식적으로 그리고 본격적으로 계약을 통해 비즈니스하려는 전환점이 되었다. 〈전민기적〉은 한국에서 〈뮤 오리진〉이라는 제목으로 서비스를 시작한 이래 꾸준하게 매출 순위 1~2위를 유지해가면서 한국에서도 '초대박'을 터뜨렸다.

재미있는 게임과 그 속에 잘 짜인 BM까지 제작할 수 있는 능력을 갖춘 킹넷이 만약 자체 IP로 승부를 걸었으면 지금과 같은 성공을 거둘 수 있었을까? 참고로 모바일 게임 분야에도 제법 많은 퍼블리싱 사업을 전개한 킹넷은 이전까지 뚜렷한 성공 사례가 없었다. 물론 전작의 퍼블리싱에 〈전민기적〉만큼 대대적인 자원을 투자하지 않았다는 점을 감안한다고 해도 말이다. 웹 게임을 통해 얻은 BM 노하우와 제작 능력에다가 자체 플랫폼까지 꾸준히 성장시키면서 회사 규모를 키웠고, 최초의 모바일 게임만큼은 제대로 '한 방' 터뜨리겠다는 의지가 그들을 메이저의 반열로 올려놓았다. 계약금을 아끼고 로열티를 아끼기보다는 매출을 위한 전체 파이를 키우겠다는 그들의 전략이 제대로 성공했던 것이다.

개발사를 모태로 성장한 회사이기에 자신들의 제작 능력을 과신해서 외부와의 'IP 협업' 없이 오직 자신들만이 자체 개발하겠다고 웹젠이 끝까지 고집을 부렸다면 어떤 결과가 나왔을까? 웹젠은 〈전민기적〉의 성공을 통해 단순히 로열티로 거둬들이는 이익뿐만 아니라 한국 판권까지 획득했다. 이로써 월 150억 원 이상의 한국 내 매출을 올렸고, 6,000원 대의 주가가 3~4만 원대까지 올랐다. 시가총액 2,500억 원 내외의 회사가 다시 1조 원을 넘어섰고, 분기 30억 원의 적자에서 현재는 사상 최대 실적을 바라볼 정도로 시장의 기대치가 높아졌다. 무엇보다 다시 과거의 영광을 재현하면서 비상할 수 있는 원동력을 확보했다는 점에서 미래에 대한 희망을 얻은 셈이었다. 웹젠이 만약 끝까지 스스로 제작하겠다는 고집을 부렸다면, 혹은 제작이 상당히 진행된 후 가져온 게임이었던 만큼 게임의 퀄리티를 보고 계약 여부를 판단하는 '융통성'을 발휘하지 않았더라면 웹젠은 여전히 침체기를 벗어나지 못했을 것이다. 어쩌면 회사의 미래를 담보하지 못할 위기를 맞이했을 수도 있었다.

어떤 순간의 선택은 아무리 작은 것일지라도 성공과 실패라는 정반대의 결과에 직접적인 영향을 미치는 법이다. 〈전민기적〉은 두 회사의 현명하면서도 유연한 선택으로 인해 한국과 중국 모두에서 모바일 게임의 역사를 새로 쓸 만큼 최고의 성공을 거두었고 그 성공은 지금까지도 이어지고 있다.

▲ 가장 성공적인 한·중 IP 협업 사례가 된 〈뮤─전민기적〉

그들이 실패한 이유

NHN에서 글로벌 퍼블리싱을 했던 〈언데드 슬레이어^{Undead Slayer}〉라는 게임이 있다.

1인 개발자가 높은 완성도로 만들어냈다는 점에서 큰 화제가 되었던 이 게임은 궁극적으로 NHN의 퍼블리싱 능력이 뒷받침되어 국내에서 마침내 성공할 수 있었다. 글로벌 시장에서도 좋은 반응을 얻었는데, 특히 일본에서 출시 직후 다운로드 랭킹 1위에 오르는 등 좋은 성과를 거뒀다. 〈언데드 슬레이어〉는 당시로서는 보기 드문 액션감이 강조된 모바일 게임이었으며, 「삼국지」를 소재로 했기에 유저들의 접근성도 매우 좋은 편이었다.

이 게임은 「삼국지」라는 소재와 액션 게임을 선호하는 중국 유저들의 특성과 맞아떨어져, 중국에서도 성공할 만한 충분한 요건을 갖추고 있었다. 실제로 많은 중국 내 회사들이 〈언데드 슬레이어〉의 중국 서비스 판권에 관심을 가지고 있었기에 NHN과의 협상이나 계약에 관심이 높았다. 하지만 결과적으로 이 게임은 중국에서 실패하고 말았다. 소재와 게임성 면에서 중국에서 성공할 만한 요소를 갖췄던 게임이 왜 이런 결과를 얻게 되었을까?

가장 큰 이유는 서비스를 직접 진행할지 혹은 파트너를 정할지, 만약 파트너를 정한다면 누구와 진행할지에 대해 고민하는 동안 그만 게임이 유출되어버린 것이다. '글로벌 원빌드' 서비스를 위해 꼼꼼하게 만들어놓은 언어팩 안에는 중국어도 고스란히 담겨 있었고 그것을 뚫는 것은 중국 해커들에게는 매우 손쉬운 일이었다. 〈언데드 슬레이어〉의 중문 게임명인 〈망령살수〉라는 이름도 이렇게 탄생했다. 개발사와 퍼블리셔 혹은 현지 파트너가 아닌 게임을 해킹한 누군가에 의해서 말이다. 개인적으로, 누가 이 게임을 최초로 해킹해서 그 버전을 유출했는지 모르겠지만 그들의 작명 센스만큼은 꽤 탁월했다고 생각한다. 이후 추콩에 의해 서비스되기 시작한 정식 버전도 〈망령살수〉라는 게임명을 그대로 쓴 것을 보면 추콩도 비슷한 생각을 한 듯싶다.

해킹 버전은 단지 언어팩이 풀린 것으로 끝나지 않았다. 게임 내의 아이템 등을 구매할 수 있는 게임머니를 무제한으로 쓸 수

▲ 〈언데드 슬레이어〉의 중문판인 〈망령살수〉

있는 기능도 함께 뚫렸다. 이로써 게임 밸런스와 BM도 동시에 붕괴되고 말았다. 이 해킹 버전은 NHN이 중국의 360마켓과 직접 서비스 계약을 마무리할 무렵에 이미 400만 건 이상 다운로드되었다. 게다가 사설 BBS 등을 통해 급속도로 퍼져가고 있었다. 결국 NHN은 중국 내 직접 서비스를 포기할 수밖에 없었다. 공정성이 결여된 게임을 유저가 즐길 이유가 없으므로 수익성이 보장되지 못하고 회사의 브랜드 가치만 떨어지게 될 것이 자명했기 때문이다.

〈망령살수〉의 추콩 공식 버전은 2015년 3월 기준으로 360마켓에서만 880만 건이 다운로드되었고, 전체 마켓을 모두 합하면 대략 2,000만 건 이상의 다운로드를 기록했다. 추콩의 장점인 이동통신사 소액 결제 분야에서 일정 부분 성과가 나왔을 것으로 분석하지만 그 외의 마켓과 결제시장에서는 다운로드 수만큼의 충분한 결과가 나왔을 것이라고 기대하기는 어렵다. 왜냐하면 NHN의 글로벌 버전이 비슷한 수만큼 동일한 마켓에 이미 올라와 있고, 초기 언어와 게임머니가 함께 뚫린 해킹 버전은 이후에도 꾸준히 업데이트되어 가면서 그 이상의 인기를 누리고 있기 때문이다.

만약 NHN이 〈언데드 슬레이어〉의 글로벌 버전에서 중국어를 제외해 언어에 민감한 중국인들의 관심을 다른 데로 돌리거나 중문 정식 버전에 대한 기대치를 높이고, 초기 해킹 버전에 대해 좀 더 단호하게 대응했더라면 어땠을까? 거대 시장 중국을 노리는 전략에 대한 고민이 길어지는 대기업 특유의 내부 사정이야

충분히 이해되지만 자체 의사결정 채널을 좀 더 간소화해서 중국 시장에 직접 서비스하든 퍼블리셔를 통해 진출하든 신속한 결정을 내렸더라면 피해를 최소화하고 좀 더 좋을 결과를 얻지 않았을까? 개인적 판단으로는 그 두 가지가 잘 담보되었더라면 모르긴 해도 '중국 시장에서 성공한 최초의 한국 모바일 게임'이라는 타이틀을 가져갈 만한 충분한 성과를 냈을 것이다. 〈언데드 슬레이어〉는 그만한 가치와 가능성이 있는 게임이었다. 때로는 직관적이고 신속한 결정이 필요한 법인데 그들은 그렇게 하지 못했고, 그것이 프로젝트의 실패 이유가 되었다.

〈언데드 슬레이어〉가 느린 의사결정과 잘못된 대응으로 실패한 케이스라면, 반대로 시장이 준비되지 않은 가운데 한 박자 빠른 시도로 실패하는 케이스도 있다. 바로 〈모두의 게임〉이 그러한 케이스다.

카카오 게임센터 초창기에 입성해 한때 〈애니팡〉의 뒤를 잇는 국민 캐주얼 게임으로 기대를 모았던 〈모두의 게임〉은 중국의 대형 퍼블리셔가 아닌 소규모 한국계 퍼블리셔인 네오윈게임즈를 파트너로 삼아 360마켓에 진출했다. 그 배경에는 텐센트가 자체적으로 가지고 있는 위챗과 QQ의 플랫폼 그리고 직접 운영하는 잉용바오 마켓 등을 앞세워 중국 내 모바일 게임시장도 곧 평정할 것이라는 위기감이 자리잡고 있었다. 그 위기감은 텐센트에게 낙점받지 못하는 한국의 개발사는 중국 진출 타이밍을 놓칠 수 있다는 초조함으로 이어졌고, 반면에 중국 내 점유율이 가장 높은 360마켓 같은 기존의 플레이어에게는 강력한 플랫폼과 막강한 자본력으로 무장한 후발주자에게 밀릴지도 모른다는 심각한 위기감을 불러일으켰기에 서로 이해관계가 맞아떨어진 것이다.

　360마켓은 모바일 마켓으로서는 후발주자이나 게임시장에서 압도적인 우세를 점하고 있고 플랫폼 면에서는 중국을 평정한 텐센트라는 거인이 모바일 게임시장에 본격 진입한다는 것에 상당한 부담감을 느끼고 있었기에 한국에서 큰 성공을 거둔 〈윈드러너〉, 〈모두의 게임〉, 〈다함께 차차차〉, 〈드래곤 플라이트〉 등을 연이어 서비스하는 전략적 선택을 하게 된다. 하지만 이러한 한국형 캐주얼 게임들은 바로 카카오톡의 소셜 기능을 바탕으로 급격한 성공을 거두었다는 공통적인 특징을 가지고 있었다. 어쩌면 이 게임들은 지극히 평범(?)했지만, 카카오톡의 수많은 사용자와 소셜 기능이 게임과 적절히 어우러지면서 사회적 현상에 가까울 정도로 큰 성공을 거뒀고, 360마켓도 그 성공의 비결을 충분히 이해하고 있었다. 문제는 360마켓에는 카카오톡 같은 메신저형 소셜 기능이 없었다는 것이다. 글로벌 시장에서는 위챗과 경쟁할 정도로 막강한 네이버 라인Line과 한때 사업 제휴를 선언했으나 각각의 이해관계가 맞지 않아 제휴 이상의 긴밀한 사업 진행은 딱히 없는 상태였다. NHN 재팬의 라인은 이후 중국 파트너를 360마켓에서 완도우자로 바꾸게 된다. 중국에서는 오직 텐센트만이 위챗을 통해 모바일 메신저 시장을 장악하고 있었고 아울러 카카오톡의 이사회 멤버로서 카카오 게임센터의 충분한 성공 노하우를 익혔으며, 그들이 본격적으로 위챗 게임센터를 연동해서 모바일 게임시장에 진출하면 자신들의 입지가 위태로워질 것이라는 불안한 전망이 360마켓을 매우 긴장하고 초조하게 만들었다.

　이와 같은 불안감은 라인과의 좀 더 적극적인 사업 제휴나 킬러타이틀(좋은 게임) 확보를 위한 개발사 지원 같은 근본적이고 적극적인 노력보다 자체 소셜 메신저를 직접 제작하는 단기적인 처방에 열중케 했다. 이를테면 단시간에 카카오톡 같은 모바일 소셜 메신저를 개발하겠다는 의도였다. 360마켓은 중국 내 컴퓨터 백신시장의 1위 사업자로, 당연히 모바일 백신시장에서도 높은 점유율을 보이고 있었다. 아울러 검색과 브라우저 시장에서도 상당한 성과를 거두고 있었고 단기간에 소셜 메신저를 만들어낼 기술력이 있었다. 중국 내 다른 IT 기업인 텐센트, 바이두와는 여러 분야에서 다양한 형태로 경쟁할 수밖에 없는 입장인데, 이후에 황금알을 낳을 것으로 예상되는 모바일 게임 플랫폼 시장에서 밀리면 안 된다는 절박함마저 느끼고 있었다.

　중국에서 사업을 펼치는 한국계 소형 퍼블리셔로서 네오윈게임즈는 이러한 시장의 흐름까지는 잘 읽었다. 그리고 〈윈드러너〉를 가지고 있는 위메이드나 〈다함께 차차차〉를 가지고 있는 넷마블에 비해 규모가 작은 반면 빠른 의사결정을 할 수 있는 〈모두의 게임〉의 개발사이자 서비스 회사인 핫독스튜디오와 관련한 상황을 공유하며 설득했고, 그 결과 한 박자 빠른 중국 진출을 할 수 있었다. 내용상으로는 중국 점유율 1위인 360마켓의 대대적인 지원을 받은 케이스였고 소규모의 단일 회사가 받아내기 힘든 자원을 확보하는 수완을 발휘했다. 4일 만에 100만 건을 훌쩍 넘는 다운로드 수를 기록해 초반 유입과 마케팅도 성공적이었다. 이때까

▲ 초기 360마켓에 진출했던 〈모두의 게임〉

지 양 사는 성공의 문턱에 다가선 것이라 예상했다.

그런데 실패는 너무 어이없는 곳에서 시작되었고 붕괴의 가
속도는 감당하기 어려울 정도로 빨랐다. 우선 360마켓의 소셜 메
신저가 많은 버그를 드러내며 낮은 완성도를 보여줬다. 사실 360
마켓의 개발팀에서도 애초에 예정된 일정보다 상당히 늦게 개발
SDK를 전달해줄 정도였으니 제대로 된 테스트 검수 과정이 있을
리 만무했다. 상용화가 불가능한 수준인 0.8 버전의 SDK를 서비
스 게임에 적용시키는 것 자체가 무리였는데 그때 모든 이해당사
자의 관심은 자신들이 제공할 서비스의 안정성보다는 텐센트가
언제 정식으로 위챗 게임센터를 오픈해서 서비스하느냐에 더 집
중되어 있었다. 즉 외부를 의식하느라 내부의 문제를 제대로 챙

기지 못했던 것이다. 소규모 사전 테스트를 할 때 발생하지 않았던 여러 가지 문제가 정식 게임 서비스 이후 발생하기 시작했다. 접속 문제, 실행 중 갑자기 종료되는 문제, 소셜 기능의 연동 문제 등 다양한 문제가 동시다발적으로 발생했다. 하지만 그 문제는 신속한 해결이 어려웠다. 아니, 사실은 문제의 원인을 제대로 찾기조차 힘들었다. 어느 정도 시간이 흘러가면 자동으로 해결되니 원인과 해결 방법이 적절했는지에 대해 판단하기가 불가능했던 것이다.

게다가 당시까지 중국의 게임 유저는 카카오톡 방식의 소셜 기능을 활용해본 경험이 거의 없었다(놀랍게도 위챗 게임센터를 통해 나온 게임에 이르러서야 중국 유저들은 소셜 기능에 완전히 적응한 모습을 보여줬다.).

이 점에 대해서는 360마켓도 심각한 오판을 했다. 해당 메신저와 소셜 기능만 있으면 유저가 자연스레 활용할 것이라 판단했는데, 정작 유저는 360모바일에 그런 기능이 있는지조차 몰랐다. 카카오톡과 위챗이라면 내 전화번호나 메신저에 등록되어 있는 친구에게 하트를 보내고 게임에 필요한 도움을 주고받으며 경쟁할 수 있는, 어찌 보면 당연하다고 생각할 수 있는 기능이 유저가 처음 접하는 360마켓의 소셜 기능에서는 무용지물이 되어버린 것이다. 〈모두의 게임〉과 같은 소셜 기반의 캐주얼 게임에서 결제하도록 만드는 핵심 기능인 경쟁과 과시, 도움이라는 기능이 사라지고 나니 〈모두의 게임〉은 평범한 싱글 캐주얼 게임으로 전락하고 말았다. 뿐만 아니라 비슷한 시기 전후로 360마켓을 통해 서비스했던 〈윈드러너〉, 〈다함께 차차차〉 등도 똑같은 시행착오를 답습하고 기대했던 수익 창출에 실패했다.

이 사례는 지나치게 의욕만 앞세워 빠르게 실행한 것이 때로는 실패의 이유가 될 수 있음을 보여주며, 빠른 준비가 자칫 준비 부족을 초래하는 건 아닐지 한 번 더 확인해야 한다는 교훈을 주었다.

한편 모든 것이 완벽하다고 믿는 가운데 실패하는 경우도 있다. 바로 자타가 공인하는 중국 최고, 아니 세계 최고의 게임회사인 텐센트와의 협업이 그러하다.

텐센트는 90년대 후반 QQ 메신저를 통해 처음 등장했고, 당시 MSN 등의 외산 메신저들과 경쟁해서 승리한 이후 중국의 메신저 시장을 통일했다. 하지만 메신저 시장은 기본적으로 돈을 많이 벌 수 있는 구조가 아니었다. 포털 서비스의 광고 매출에 비해 메신저의 광고 매출은 미약했고 서버, ISP, 보안 등 구조적으로 고비용을 요구했다. 텐센트는 QQ 메신저의 사용자 풀^{Pool}을 사용해서 온라인 게임 퍼블리싱 사업에 뛰어든 이후 비로소 완전한 성공을 이뤄냈다.

한국산 게임인 〈던전앤파이터〉와 〈크로스파이어〉를 가지고 단숨에 시장 1위로 떠오른 이후 게임이 텐센트의 주요한 캐시카우(수익창출원)가 되었다. 특히 한국의 소형 개발사였던 스마일게이트는 한국에서의 실패가 도리어 중국에 집중할 수 있는 원동력으로 작용해 중국의 일등 FPS(1인칭 슈팅 게임)인 〈크로스파이어〉를 개발할 수 있었고, 이후 매년 지급받는 매출 로열티는 그들을 단숨에 엔씨소프트를 위협하는 규모와 수준의 개발사로 성장시켰다. 2014년 기준으로 스마일게이트의 매출 규모(5,315억 원)는 국내 5위이고, 매출이익율(당기순이익 2,197억 원, 56.9%)은 압도적인 1위다.

한국 개발사와의 협업을 통해 급성장한 텐센트이다 보니 한국의 어떤 회사든지 텐센트와 계약하게 되면 누구나 '모바일계의 스마일게이트'가 되는 것을 꿈꾸게 된다. 하지만 더 이상 텐센트는 10년 전 〈크로스파이어〉와 〈던전앤파이터〉를 서비스하며 게임업계에 막 발을 들여놓은 애송이가 아니다. 그들은 지난 10년 동안에 '중국 통일'을 이뤄내고 세계 게임시장에서도 절대강자가 되었다. 10여 년 전에는 신사업인 게임에 사활을 걸고 뛰어들었다면 지금은 철저하게 시스템에 의해 유지되는 회사로 변모했다. 회사가 성장하면서 당연하게 겪는 변화다.

시스템에 의해 유지되는 회사와 제대로 된 협업을 하기 위해서는 다음 두 가지의 경우만 고려해볼 수 있다. 회사가 만들어놓은 시스템 기준에 부합하는 역량을 보여주거나, 절대적인 지원 명령을 내릴 수 있는 권한을 가진 자와의 직접소통 혹은 그럴 수밖에 없는 회사 대 회사의 협업(투자 등)이 이뤄지는 경우다. 후자의 경우는 매우 특별한 케이스이다 보니 텐센트와의 협업은 대체로 을의 위치에서 텐센트의 내부 기준에 부합하는 테스트에 통과해야 한다. 그리고 그 테스트라는 이름의 장벽은 우리가 예상하는 것보다 훨씬 높다.

특히 리텐션Retention(재방문율)의 기준은 가혹하다고 할 만큼 높은 편이다. 최근 들어서는 CBT^{Close Beta Service} 기준으로 1일차에 50% 이상, 7일차에 25%의 기준이 형성되었는데 이는 사실상 불가능한 수치다. CBT라는 것은 말 그대로 비공개 테스트이므로, 그 데이터는 정식 오픈 서비스와 더불어서 리셋되기 때문이다. 온라인 게임 시대의 CBT는 유명한 대작을 남들보다 먼저 해본다는 측면에서 게임 유저들의 관심이 뜨거웠다. 하지만 모바일 게임 시대의 CBT는 현재 나와 있는 게임을 하나씩 다 해보는 것도 불가능한 까닭에, 굳이 리셋될 게임에 베타테스터로서 활동할 동기가 그다지 크지 않다. 그런 가운데 정식 서비스를 해도 '대박급' 성공에 가까운 지표가 CBT란 장벽의 기준이 되어버리니, 계약해놓고도 시간만 흘러가서 서비스가 결국 무산되거나 뒤늦게 서비스에 돌입해 타이밍을 놓치는 경우가 반복되는 것이다.

이런 상황이 초래된 근본적인 이유는 게임 사업이 결국은 사람과 사람 간의 협업 중심이고, 그 대상이 중국의 최고 회사인 텐센트의 구성원들이라는 데 있다. 규모가 있는 회사일수록 책임에 대한 부분이 민감한데, 텐센트의 경우 게임 서비스에 돌입하면 마케팅 예산이 중국 최고 수준으로 책정된다. 따라서 실패에 따르는 책임을 피하고픈 담당자들은 게임에 대한 적극적인 의견 개진이 두려울 수밖에 없다. 왜냐하면 중국 서비스 방향에 대해 어떤 구체적인 의견을 내고 그것을 개발사에서 받아들이는 순간, 결과에 대한 책임을 져야 하기 때문이다. 성공에 대한 보상은 특별할게 없는데 결과에 대한 책임이 가혹하다면, 차라리 서비스가 외부적인 요인에 의해 미뤄지기를 바라는 심리 상태가 된다. 얻을 게

없고 힘들기만 한 시험이라면 차라리 피하던가 늦춰지기를 바라는 심리와 유사하다. 그러다 보니 장벽(기준)은 더 높아지고 중간 테스트에 대한 피드백은 두루뭉실할 수밖에 없다. 가령 '리텐션이 30%이니 그것을 50%로 올릴 수 있는 방안을 만들어 오세요.'라는 식으로 말이다. 여기에는 한국 개발사들이 가장 듣기를 원하는 '어떻게?'라는 대목이 빠져 있다. 아니, 빠질 수밖에 없는 구조가 현재 텐센트(혹은 텐센트에 준하는 수준의 대기업)와 협업하면서 겪게 되는 난관인 셈이다.

▲ 〈모두의 마블〉 중문 버전. 이 게임은 기대에 비해 아쉬운 실적을 남겼다.

실제로 〈몬스터 길들이기〉, 〈모두의 마블〉, 〈세븐나이츠〉, 〈별이 되어라〉 등 한국에서 최고의 성적을 거둔 기라성 같은 모바일 게임들이 텐센트를 통해 이런 과정을 거쳐 중국에서 서비스되었지만 기대했던 만큼의 성과를 거두지 못했다. 이는 텐센트 내부에서 한국 게임 무용론이 제기되는 악순환으로까지 이어지게 된다.

반면 한국에서 성공한 캐주얼 게임을 자체 인하우스 스튜디오에서 거의 카피 수준으로 제작해 신속하게 서비스에 돌입한 〈텐텐아이쇼추天天愛消除〉(애니팡 카피), 〈텐텐쿠포우天天酷跑〉(윈드러너 카피), 〈제쩌우따스节奏大师〉(탭소닉 카피), 〈레이팅짠지雷霆战机〉(1943 카피) 등은 좋은 성과를 거뒀다. 오리지널 한국 게임들이 당시에 준비가 덜된 360마켓으로 건너가서 실패한 것에 비하면 뼈아픈 대목이다.

이렇듯 최고의 파트너와 최상의 조건으로 일하게 되어도 해당 기업의 문화나 담당자와의 협업 시스템에 의해 당연히 성공하리라 기대했던 게임도 실패할 수 있는 것이 바로 중국 모바일 게임 시장의 현재 모습이다.

왜 중국 게임시장인가

불행이 행복으로 이어질 수 있다는 뜻의 고사성어로 '새옹지마塞翁
之馬'라는 말이 있다. 그 새옹지마에 잘 어울리는 인물 가운데 한 명
이 스마일게이트의 권혁빈 대표다. 2002년 설립된 스마일게이트
는 당시 캐주얼 게임의 붐과 더불어 FPS 게임인 〈크로스파이어〉
를 개발했다. 네오위즈와 서비스 판권 계약을 맺었으나 당시 국
내에서는 〈스페셜포스〉와 〈서든어택〉이라는 두 개의 FPS가 시장
을 양분하고 있었다. 또한 후속작으로 대기 중인 FPS도 적지 않았
다. 이미 자리잡은 강자들과 후속으로 따라가는 다크호스들 틈바
구니에서 그들의 자리는 없을 것 같았다. 실제로 당시 스마일게이
트는 여러 형태의 압박이 있었다. 자금 압박뿐 아니라 개발자들이
충분하지 못해 겪어야 했던 서버 기술 확보 및 개발 진도에 대한
압박 등…. 스마일게이트는 N 사로부터는 인수 매물로까지 검토
되었는데, 거기서도 낙점받지 못할 정도로 매우 어려운 상황이었
다. 다른 이야기지만, 만약 스마일게이트가 N 사에 인수되었더라
면 개발팀이 조각조각 흩어져서 다른 조직에 흡수되는 형태로 끝
났을 것이다. 실제로 스마일게이트와 동시에 매물로 검토되다가

낙점되었던 D 모사는 그런 과정을 통해 역사의 뒤안길로 사라졌다. 이 또한 새옹지마다.

한편 중국의 텐센트는 QQ 메신저를 국민 메신저로 만드는 데까지는 성공했으나 메신저로 돈을 벌기에는 취약한 구조를 가지고 있었고, 그 유저의 트래픽을 가지고 무언가 돈을 벌 수 있는 수단이 절실하게 필요했다. 수익원이 확실한 서비스는 더 좋은 서비스로 확실하게 자리잡을 수 있지만, 그렇지 않으면 언제든 후발주자에게 추월당할 수 있기 때문이다. 한때 국내 시장을 호령했던 네이트온 서비스가 그러했고, 중국에서는 '중국의 한게임'으로 명성을 떨쳤던 1등 캐주얼 게임 포털 서비스 기업이었던 아워게임(이 회사는 나중에 정말로 NHN에 인수되어 'NHN 차이나'가 되었다.)이 제대로 된 수익원을 찾지 못해 몰락의 길에 접어들었다.

텐센트가 선택한 수익 모델은 게임이었다. 그리고 적극적인 사업 제휴의 대상은 한국의 게임회사였다. 심지어 넥슨의 워크숍 현장까지 직접 찾아와 자신들에게 게임을 소개시켜 달라고 했던 것은 전 세계 게임시장을 호령하는 지금의 텐센트로서는 쉽게 떠올리기 어려운 일화이기도 하다. 하지만 당시의 텐센트는 그냥 메신저 회사일 뿐 게임회사로서의 경쟁력은 국내 회사들이 고개를 갸우뚱할 정도로 약했다. 당시 중국 시장에서는 한국 게임인 〈미르의 전설〉을 가져와서 게임 벤처의 신화를 일군 샨다가 확고한 1등을 차지하고 있었고, 역시 한국의 〈뮤〉를 가지고 성공한 덕분에 그 수익과 운영 능력을 인정받아 블리자드의 〈월드 오브 워크래프트WoW〉까지 가져온 더나인이 2위였다. 그리고 중국 자체 개발작인 〈대화서유〉, 〈몽환서유〉 등을 서비스하는 넷이즈가 3위 권을 유지하고 있었다. 이처럼 한국의 메이저 게임회사들은 비즈 니스 대상으로 샨다, 더나인, 넷이즈 등에 주로 관심을 보였을 뿐, 텐센트라는 메신저 회사에는 관심을 기울일 여유가 없었다. 이렇 듯 메이저에 끼지 못한 마이너 기업 간의 운명적 만남은 확실한 동기부여와 함께 최고의 집중력을 발휘할 수 있는 환경을 마련했 고, 이후에는 모두에게 익히 알려진 대로 양 사에게 최고의 성공 신화를 안겨주었다.

▲ 중국 최고의 FPS 게임에 오른 〈크로스파이어〉

작금의 텐센트가 EA, 블리자드 등 우리에게 잘 알려진 세계적 게임 명가들보다 더 높은 곳에 우뚝서게 된 것은 중국 시장을 기반으로 성장했기 때문이다. 비록 분야는 다르지만 최근 상장한 중국의 인터넷 전자상거래 포털 기업 알리바바가 경쟁 관계에 있는 미국 기업인 이베이나 아마존보다 더 큰 기업 가치를 지닌 것과 유사한 이유다. 중국 시장은 세계에서 가장 큰 시장이므로, 그 시장에서의 성공은 곧 세계 최고의 성공을 바라보게 한다. 과거에는 북미 지역에서의 최고가 세계 최고였다면, 지금은 점점 중국으로 '최고' 혹은 '최대'라는 이름의 헤게모니가 넘어가는 과도기라고 할 수 있다. 거대한 시장 규모가 발산하는 매력 하나만으로도 우리가 중국으로 진출해야 할 이유는 충분하다.

하지만 매력적인 시장을 가진 중국에 진출한다고 해서 모두가 성공하는 것은 아니다. 실제로 중국에 가서 성공한 기업의 사례보다 실패한 기업의 사례가 훨씬 더 많은 것이 현실이다. 〈미르의 전설〉의 유통사이자 중국 샨다에 게임을 공급했던 엑토즈소프트는 자신들이 성공시킨 것이나 다름없는 샨다에 오히려 인수되는 운명을 맞이했다. 인수 과정도 그다지 좋은 모습은 아니었다. 굳이 비유하자면, 맹수 새끼를 공들여 키워놓았더니 결국은 주인을 잡아먹은 형국과 유사하다. 〈미르의 전설〉은 단일 게임 하나로 중국 게임산업의 중흥기를 이끌어낼 정도로 큰 성공을 거두었는데 중국 운영사인 샨다는 엑토즈소프트에 로열티를 지급하지 않았다. 사설 서버 등에 대한 대처가 미흡했다는 이유였는데, 사실 로열티 미지급의 사유로는 납득하기 어렵다. 몇 차례의 다툼과 소송 끝에, 뜻밖에도 샨다가 엑토즈소프트를 인수하며 두 기업 간의 갈등이 종결되었다. 엑토즈소프트의 대주주가 샨다에게 지분을 판

것이다. 이후 샨다는 텐센트가 등장하기 전까지 중국 게임시장의 절대강자로 군림했지만, 졸지에 샨다의 자회사가 되어버린 엑토즈소프트는 허무한 흑역사를 남기면서 주저앉고 말았다. 한마디로 '남 좋은 일만 시키고 끝난 격'이라고 해야 할까?

사업에 대한 접근 방식, 기술, 문화적 환경, 저작권 등에 대한 인식, 사람과의 관계, 복잡한 인허가 과정, 폐쇄적인 법률 등 외국 회사가 중국에서 고전할 수밖에 없는 요인이 매우 다양하고, 실제 수많은 한국 기업들의 도전사는 성공보다 실패로 끝나는 경우가 많았다. 그럼에도 불구하고 우리는 중국 시장에 도전해야 하는 것일까? 내 대답은 절대적으로 '예스Yes.'다.

현재의 시장도 매력적이지만 앞으로의 성장이 더욱 매력적으로 보이는 곳이 바로 중국 시장이다.

2014년을 기준으로 중국에는 약 3억 8,000만 대 정도의 스마트폰이 보급되어 있다. 한국의 인구가 5,000만 명인 것을 감안할 때 중국은 인구 자체만으로도 매력적인데 여기에 전체 인구(약 14억 명) 대비 스마트폰의 보급률이 46%에 불과하다. 일본이 60%, 한국이 73%의 보급률을 나타내고 있는 것을 감안하면, 절대적인 수뿐만 아니라 보급률 관점에서도 여전히 더 뜨거운 성장을 기대할 수 있다. 실제로 중국에서 서비스되고 있는 게임들 중에 최상위 랭크에 올라 있는 게임들은 이탈 유저보다 유입 유저가 더 많다. 이는 한국처럼 과도한 마케팅 비용의 투자 없이도 일단 자리 잡으면 안정적으로 신규 고객 확보가 가능하다는 것을 의미한다.

한국도 카카오톡 게임센터 초창기에 비슷한 경우가 있었다.

〈애니팡〉, 〈아이러브커피〉, 〈윈드러너〉, 〈쿠키런〉 등의 신화가 그렇게 탄생했다. 카카오톡을 통해 처음 모바일 게임을 접하는 오가닉 유저Organic User(진성 유저)들이 물밀듯이 모바일 게임으로 밀려오던 시절이고, 그 2~3년 사이에 한국의 모바일 게임산업은 역사상 가장 빠른 속도로 성장했다. 그런데 적어도 중국은 보급률 등을 감안할 때 비슷한 성장의 가치가 여전히 남아 있는 것이다. 현재도 매력적이고 미래도 매력적인 시장이라는 의미다.

유저들의 정서 면에서 한국과 중국이 비슷하다는 것도 대단히 유리한 점이다. 90년 후반에 본격적으로 중국 온라인 게임 시대의 황금기를 시작한 〈미르의 전설〉도 한국 개발사의 게임이고, 2000년대 중반 이후 중국이 세계에서 가장 큰 게임시장으로 성장하는 데 결정적으로 일조한 〈던전앤파이터〉와 〈크로스파이어〉도 한국에서 만들어졌다. 과거의 1등 게임회사인 샨다도 한국 게임으로 성장했고, 현재의 1등 게임회사인 텐센트도 한국 게임으로 성장했다. 이 자체만으로 중국에서 한국 게임에 대한 인지도는 여전히 매력적이며, 정서적으로 관통하는 부분은 분명히 존재한다고 본다.

그러다 보니 시장에서 요구하는 게임 콘텐츠의 커스터마이징(현지화) 내용이 다른 나라에서 넘어온 것에 비해 현저하게 적은 편이다. 가령 북미나 일본에서 제작된 게임의 경우 게임의 콘셉트 자체로 인해 중국에서 서비스되기 어려운 경우도 적지 않았다. 반면 한국 게임의 소재나 그래픽의 느낌, 게임성 등은 기본적으로 중국 유저들이 선호하는 방향에서 크게 다르지 않다. 다만 수익을 거두기 위한 BM 설계에만 유의한다면 말이다.

정확하게는 게임뿐만이 아니다. 한류는 모든 문화 콘텐츠에 걸쳐 중국 내에서 대단한 모습을 보여준다. 한국 드라마의 경우 90년대 중후반 「사랑이 뭐길래」로 시작해서 「대장금」, 「천국의 계단」, 「소문난 칠공주」 등이 빅히트했고, 최근의 「상속자들」, 「별에서 온 그대」는 신드롬이라 할 정도의 대박급 성공을 일궈냈다. 한국의 아이돌 그룹은 기획 단계에서부터 중국인이나 중국어가 가능한 연습생들을 뽑아 애초부터 중국 시장을 겨냥했고, 데뷔 후에는 중국으로 건너가서 활동할 정도로 시장에서 반응이 좋다. EXO라는 남자 아이돌 그룹은 한국팀과 중국팀이 별도의 유닛으로 활동한다. 중국 최고의 동영상 사이트이자 '중국의 유튜브'라 불리는 요쿠youku에는 아예 한국 드라마, 한국 영화의 카테고리가 별도로 존재할 정도다. 한국의 예능 프로그램은 아예 중국 방송사가 직접 포맷을 수입할 정도의 수준이 되었다. 「런닝맨」, 「나는 가수다」, 「아빠 어디가」, 「꽃보다 누나」 등이 그런 식으로 포맷이 수출된 후 중국 방송사에서 새롭게 제작되어 중국에서 빅히트한 프로그램들이다.

수많은 중국인들이 한국의 음악, 드라마, 영화, 예능 방송, 게임 등의 문화 콘텐츠와 그로 인해 파생한 음식, 미용, 여행, 쇼핑 등을 사랑한다. 수천년 동안 두 나라가 붙어있었지만, 이 정도로 한국의 모든 것이 중국에게 사랑받았던 적이 과연 역사 속에 또 있었나 싶기도 하고, 이는 경제적으로도 한국에 막대한 이익을 전해주고 있다. 한류라는 문화 콘텐츠가 채 20년도 되지 않는 시간

동안 이룩한 결과다. 여기에 언어적으로도 중국어와 한국어가 모두 가능한 200만 명의 조선족이 지원하며 뒷받침하고 있는 것도 한류에 큰 힘이 되었다.

현재도 가장 매력적인 시장이면서 당분간 변함없이 성장할 것으로 예측되고, 지리적으로도 매우 가까워 동일한 유교 문화권에서 지금껏 살아왔으며, 현재 한류라 불리는 우리 문화 콘텐츠 대부분에 매우 긍정적인 이미지를 가진 고객들이 다수 있는 시장이 바로 중국이다. 이쯤되면 명분상으로나 실리 면에서나 중국에 진출하지 않을 이유를 찾는 것이 더 어려울 지경이다. 여러 산업 분야에서 경쟁력 있는 유수의 기업들이 중국에 대거 진출해 각축전을 벌이고 있지만, 한국만큼 중국 진출에 좋은 조건을 가지고 있는 국가도 없다.

물론 충분한 준비 없이 들어선다면 백전백패의 결과를 얻게 되는 것은 자명한 일이다. 수많은 실패 사례는 우리가 흔히 이해하고 있는 것처럼 '어쩔 수 없는 문제'에서 기인하기보다는 '준비 부족' 혹은 '이해 부족'에서 나오는 경우가 더 많기 때문이다. 이미 레드오션화되어 있는 한국 모바일 게임시장보다 확실하게 열린 기회가 있는 곳이 바로 중국 시장이다.

2장

중국 모바일
게임시장의 이해

시장 규모와 발전 과정

2014년을 기준으로 중국 모바일 게임시장은 42억 5,000만 달러 규모다. 한화로 환산하면 약 4조 7,200억 원의 규모인데, 2013년의 시장 규모가 23억 달러(약 2조 6,000억 원)로 전년 대비 53%의 높은 성장세를 보이고 있다. 한마디로 폭발적인 성장세를 보여 주고 있다고 해도 과언이 아니다. 2012년과 비교해서 2013년에는 54% 성장했다. 여전히 성장하고 있다고 평가받는 중국의 온라인 게임시장이 연평균 17% 성장하고 있는데 모바일 게임은 무려

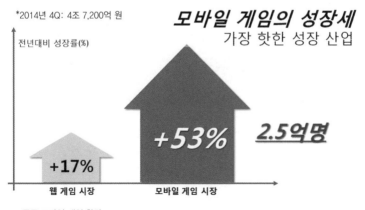

▲ 중국 모바일 게임 환경

50% 이상의 고성장세를 나타내고 있는 것이다. 시장조사 미디어인 뉴주NEWZOO에 따르면, 2015년부터는 모바일 게임시장에서 중국이 미국을 확실하게 압도하며 일본과 더불어 양대시장으로 꼽힐 것으로 전망되고 있다.

현재 중국의 공식(?) 인구는 13억 7,000만 명으로 당연히 전 세계 1위를 굳건하게 지키고 있으며, 2013년 기준으로 중국의 전체 휴대폰 사용자 가운데 스마트폰 사용자는 46.9%인 3억 8,300만 명이다. 2012년 3분기 때의 2.9억 명에 비해 약 1년여 만에 1억 명의 스마트폰 사용자가 증가한 수치다. 하지만 중국의 스마트폰 보급률이 46.9%라는 것은 일본의 60.2%, 한국의 73%에 비하면 여전히 낮은 수준이라, 중국의 스마트폰 시장의 성장세가 당분간은 충분히 이어질 것으로 예측되게 한다. 연간 1억 대 이상의 스마트폰이 적어도 몇 년간은 더 팔릴 것이기 때문이다.

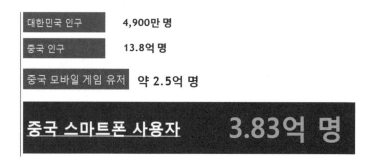

대한민국 인구	4,900만 명
중국 인구	13.8억 명
중국 모바일 게임 유저	약 2.5억 명
중국 스마트폰 사용자	3.83억 명

휴대폰 사용자 대비 스마트폰 사용자 비율은 <u>46.9%</u> 입니다.

"인구 대비로는 <u>27.7%</u>"

▲ 중국 모바일 게임 환경

스마트폰 플랫폼별 점유율을 살펴보면, 2014년 기준으로 iOS(애플)가 34%, 안드로이드(구글)가 62%를 차지해 구글이 크게 앞서고 있다. 그런데 2012년까지 구글이 90%의 압도적인 점유율을 가지고 있던 것에 비하면, 애플 진영의 추격이 매섭다. 애플은 스티브 잡스 시절부터 최근 팀쿡에 이르기까지 중국 시장에 끊임없이 많은 공을 들였다. 미국 달러US Dollar 외에 결제 화폐로 중국의 위안화RMB를 인정하는가 하면 중국 내 애플 오프라인 매출의 확장에도 공격적으로 임했고, 불법에 매우 민감한 애플 정책을 감안할 때 받아들이기 힘든 탈옥 마켓도 눈감아주었다. 그 결과로 점차 고가 스마트폰(주로 아이폰) 구입이 증가함에 따라, 스마트폰 보급 초기에 개방형의 안드로이드 저가폰('산자이' 혹은 '짝퉁폰')과 블랙마켓(불법 마켓) 중심으로 성장하던 중국의 모바일 앱 마켓이 점차 불법 다운로드에서 벗어나 합법적인 다운로드가 주를 이루는 모습을 찾기 시작했다. 애플은 중국 시장 공략에 끊임없이 박차를 가하며, 제품 1순위 출시 국가로 항상 중국을 포함시키고, 특히 중국 내 최대 모바일 통신사업자인 차이나모바일과의 협력 관계를 이끌어내 시장점유율을 최근 대폭 늘려가면서 안드로이드 진영을 긴장하게 만들었다. 2015년 앱애니App annie의 발표에 따르면, 2015년 1분기 기준으로 전 세계 애플 앱 스토어 다운로드의 45% 이상을 미국과 중국이 차지하고 있다. 이 내용은 곧 애플 앱 스토어에서도 날이 갈수록 중국 시장의 파워가 막강해진다는 것을 의미한다.

▲ 중국 내 애플과 안드로이드의 경쟁

적극적 모바일 게임 유저층^{Very Active Mobile Player}은 22.6%다. 이들은 새로운 게임이 나오면 적극적으로 다운로드해서 플레이해보고 게임이 마음에 들면 기꺼이 결제도 하는 유저층이다. 한국의 34.2%, 일본의 37.9%에 비하면 아직 낮은 편이지만, 그 사용자층 역시 대폭적인 증가세에 있다. 결제하는 유저들의 평균 금액을 의미하는 ARPPU^{Average Revenue Per Paying User}를 살펴보면, 중국 유저들은 매달 23.5달러 정도를 지출한다. 이는 일본의 월 50달러 수준에 비하면 절반에 불과하지만, 한국의 5.27달러에 비하면 도리어 매우 높은 수준이다. 특히나 소득수준을 감안하면, 중국 게임 유저의 결제 금액은 상당히 높은 수준으로 평가할 수 있다. 중국의 결제 유저 중에서 73.6%는 소액 결제 위주이고, 22.1%는 적정 수준의 결제를 하며, 4.3%는 고액 결제를 한다. 한국도 고액 결제를 하는 유저층이 증가세이고 각 회사는 이들을 특별 관리하고 있지만 중국의 경우 VIP 시스템 등의 BM 설계가 잘되어 있어 수백만 원에서 수천만 원 단위까지도 결제하는 '헤비 과금러'도 적지 않게 나오는 편이다.

중국의 게임시장은 '온라인 게임' ➤ '웹 게임(브라우저 게임과 SNG)' ➤ '모바일 게임'의 3단계 과정으로 발전했다. 현재까지는 세 가지 장르의 게임이 각각의 점유율을 가지며 공존하고 있지만, 시장 성장률을 놓고 보면 모바일 게임이 월등히 앞서며 전체 게임시장을 이끌어가고 있다.

중국의 온라인 게임산업은 한국산 온라인 게임들이 주축이 되어 이끌었다. 2003년 기준으로는 한국 온라인 게임의 점유율이 전체 온라인 게임시장에서 무려 80%를 차지하고 있을 정도였다. 특히 〈미르의 전설〉의 경우는 중국 내 최초로 동시접속자 50만 명을 돌파하는 등 압도적인 성과를 거두며 중국에서 단일 게임으로 60%의 시장점유율을 기록하기도 했다. 과거에도 없었고 미래에도 나오기가 힘든 압도적인 기록이다. 이러한 한국산 게임들의 인기는 중국의 자본가들과 그 자본을 등에 업은 중국 퍼블리셔들의 한국행 러시를 일으키는 계기가 되었다. 아이러니하게도 이러한 한국산 온라인 게임들의 인기는 중국에서 자체 개발을 하는 개발사들에게 견제의 대상이 되었고, 아울러 정부 당국에게는 규제의 대상이 되었다. 이후 판호 발급 등의 절차가 유독 한국산 게임들에게 어렵게 적용되면서 2005년 이후 한국산 게임들의 점유율은 점차 떨어지게 되었다.

2000년대 중반부터는 웹 게임이 발전하기 시작했다. 웹 게임은 원래 독일 이노게임즈라는 곳에서 2003년에 출시한 〈부족전쟁〉이 시조인데, 별도의 클라이언트 설치 과정 없이 바로 게임을 시작할 수 있다는 점에서 한국에서도 큰 인기를 끌었다. 중국의 경우 네트워크 인프라와 저사양 PC 환경에서도 원활하게 돌아갈 수 있다는 측면에서 오리지널 게임들을 능가하는 무협 장르의 웹 게임이 대거 등장하기 시작했고 폭발적인 성장세를 나타내게 되었다. 웹 게임 플랫폼이라는 개념은 이후에 등장할 모바일 게임 플랫폼에도 큰 영향을 주었고, 특히 웹 게임에서의 BM(수익 모델)은 모바일 게임 시대로 넘어오는 데 결정적인 영향을 미쳤다. 한마디로 중국 모바일 게임의 발전은 웹 게임 기반으로 이뤄졌다고 해도 과언이 아닐 정도로 말이다.

2000년대 후반부터 중국에서도 스마트폰 시장이 태동하기 시작했고 거기에 맞춰서 스마트폰 게임이 등장하기 시작했다. 초기에는 미국 스토어에서 성공한 게임들의 불법 버전들이 등장했다. 그리고 대다수의 3자 마켓들은 그런 불법 파일들을 통해 유저들을 모았다. 가령 〈앵그리버드〉 같은 유명한 유료 게임들은 중국에서 추산이 불가능할 만큼 많이 풀렸을 정도였다. 하지만 웹 게임 기반의 회사들이 자신들의 IP와 BM을 활용해 모바일 버전으로 내놓으면서 시장이 점점 성장해갔다. 또한 중국 스마트폰 제조회사들이 저가폰을 통해 시장을 확대한 것은 모바일 게임으로의 관심도가 점점 높아지는 계기가 되었다.

2010년 추콩의 〈피싱 조이〉는 중국 자체 게임 최초로 1억 다운로드를 돌파했다. 광고 수익만으로도 어마어마한 매출이 나오

捕鱼达人 iPhone版
开发商: PunchBox
打开 iTunes 以购买和下载 App

View in iTunes

Casual

Result

누적 다운로드 **1.7억 회**

캐주얼 게임의 성공사례

월 매출 **60억 원**(한화)

Process

✓ Non-gamer, 여성의 장르, 캐주얼 선택
✓ 저가폰, 무선망이 취약한 환경 고려
✓ 중국 디바이스업체와의 pre-install 협력
✓ Mobile AD를 통한 수익화
✓ 결제 편의성을 통한 IAP 매출 확보
✓ 多마켓의 SDK 대응을 통한 접점 확대

▲ 지금의 추콩을 만든 히트작 〈피싱 조이〉

기 시작했고 이후 후속편으로 가서는 BM 면에서도 유저들이 제대로 과금하도록 만들었다. 이는 중국 캐주얼 게임의 신화이자 성공으로 이어졌다. 〈피싱 조이〉는 누적 기준으로 4억 명이 다운로드했고 월 매출 600만 달러를 넘는 성과를 거두게 된다.

웹 게임 기반의 회사에서 모바일로 전환한 회사 중에서는 쿤룬을 빼놓을 수 없다. 〈풍운삼국〉 등의 「삼국지」 시리즈를 모바일로 포팅해서 큰 성과를 거두었을 뿐만 아니라 이후 모바일 퍼블리셔로 가장 먼저 전환하면서 퍼블리싱 사업 면에서도 두각을 나타냈고 한국으로의 진출도 가장 빨랐다. 쿤룬은 현재 웹 게임과 모바일 게임뿐만 아니라, 가장 하이엔드 게임산업이라 평가받는 온라인 게임 분야로도 한국의 유명 게임인 〈테라〉를 확보해서 교두보를 확보했다. 이 회사는 500억 원 이상의 공격적인 투자를 감행할 계획으로 알려졌다.

웹 게임에서 건너오지 않은 순수 모바일 게임으로 시작해서

신데렐라가 된 회사들도 있다. 쓰촨 청두라는 지방의 중소 개발사
로 출발한 청두테크롤로지가 그러했다. 그들은 〈드래곤 포스〉라
는 게임을 통해 반년 이상 중국 애플 앱 스토어 1위를 차지했다.
아무도 예상하지 못한 성과였다. 규모도 작고 이전에 경력도 없던
회사가 느닷없이 등장해서 시장을 평정한 첫 번째 사례가 된 것이
다. 하지만 그것은 전초에 불과할 뿐이었고, 후에 더 강력한 게
임들이 등장했다. 대표적으로 〈마스터탱커〉를 개발한 로코조이가
있다. 2013년에 발매한 〈마스터탱커〉는 월 매출 200억 원을 넘긴
최초의 모바일 게임이 되었다. 그리고 그 이전까지 중국 모바일 게
임에서 네트워크 환경을 두려워하던 개발사들이 과감하게 그 분야
로만 전념할 수 있는 단초를 제공했다. 로코조이는 이후 한국에 지
사뿐만 아니라 한국의 개발사와 게임을 발굴하기 위한 펀드를 개
설하는 등 퍼블리셔와 투자회사로서의 모습을 동시에 갖추고 있
다. 2014년 말 서비스를 시작한 〈마스터탱커〉 후속작은 중국에서

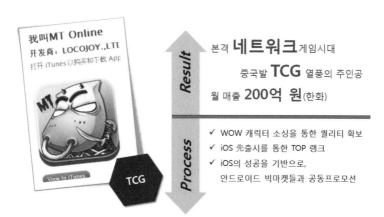

▲ 중국의 본격 네트워크 게임 시대를 연 〈마스터탱커〉

도 전편 못지 않은 성과를 거두고 있고 한국에서는 2015년 4월 오픈해 단숨에 '톱10' 안에 집입하는 등 명성에 걸맞은 성과를 보여주고 있다.

2013년 이후 중국의 모바일 게임시장에는 대규모 자본과 투자가 몰리기 시작했다. 마켓(플랫폼), 게임, 운영사 쪽에 동시에 자본이 몰리면서 시장의 경쟁은 점점 뜨거워지면서도 성장은 멈추지 않는 발전을 거듭하고 있다.

환경적 이해

중국 모바일 게임시장에서 첫 번째로 어려움을 겪는 부분은 네트워크 환경이다. 특히 초고속 LTE망과 빠른 와이파이 환경에 익숙한 한국 개발사 입장에서 네트환경을 고려하지 않고 중국 서비스를 준비했다가는 큰 어려움에 직면하게 된다.

중국의 무선 인터넷 서비스를 한마디로 정의하자면 비싸고 느리다. 최근 들어 본격적인 4G LTE 서비스가 시작되면서 품질(속도)이 좋아지고 가격도 이전에 비해 많이 낮아졌다고는 하지만, 여전히 무선 데이터의 보급 속도와 가격은 모바일 게임 사업자들에게는 높은 장벽이 된다. 다만 현재 중국 이동통신사들의 폭발적인 망 보급이 이뤄지고 있어 보급률이 급격히 올라갈 것으로 예측된다.

현재 중국 유저들이 가장 보편적으로 사용하는 무선 인터넷 서비스를 살펴보면, 월 평균 500MB(24위안)에서 1GB(48위안) 정도의 데이터 요금제를 선호한다. 통화 요금제의 경우 200분(32위안)에서 300분(40위안) 정도의 상품이 일반적으로 선호하는 상품임을 감안하면, 중국 내 일반인들은 평균 56위안에서 88위안 정도의 통신비(통화 요금과 데이터 요금의 합)를 매달 지불하는 것이다. 물론 한국과 마찬가지로 돈에 구애받지 않고 6GB, 11GB 상품을 사용하는 사람들도 있지만 드물다.

▲ 중국의 이동통신 패키지 상품

따라서 무선 인터넷의 데이터 사용량을 기준으로 볼 때 월 500MB~1GB의 범주에서 게임 서비스를 설계해야 한다. 하지만 현재 한국 게임들을 살펴보면, 최초 용량이 수백 MB는 기본이고 추가 업데이트까지 다운로드하면 게임 용량이 1GB가 넘어가는 경우도 적지 않다. 게임 그래픽 퀄리티를 유지해야 하고 대규모 콘텐츠가 게임에 포함되다 보니 어쩔 수 없는 부분이라는 점을 감안해도, 유저가 무선 인터넷 데이터 월 사용량을 게임 하나 다운로드하는 데 모두 소모하도록 해서는 안 되는 게 바로 중국의 모바일 게임 환경이다. 당연히 패치나 업데이트를 할 때도 용량에 대한 부분은 매우 민감하게 받아들이니 신경 써야 하는 요소다. 현재 텐센트와 계약되어 있는 〈블레이드〉 같은 액션 게임이 초대형 용량을 가진 터라 어떤 식으로 유저들에게 전달될지 흥미롭게 지켜보는 중이다.

복수의 중국 모바일 게임 관계자들의 전언에 따르면, 모바일이라 할지라도 네트워크 기반의 게임일 경우 무선 인터넷 데이터 네트워크보다는 와이파이 환경을 선호한다고 한다. 즉 최초 설치를 하자마자 패치 서버에 접속되어 대규모 다운로드가 필요한 부분이나 추가 대형 업데이트를 무선 데이터 서비스로 받는 경우는 중국뿐만 아니라 한국에서도 흔한 케이스는 아니다. 이런 경우에는 데이터의 용량이 많이 필요하다는 경고 문구와 더불어 와이파이 환경을 권장하는 내용이 반드시 뜬다. 하지만 중국은 와이파이 지원 지역도 매우 드물어, 거의 집과 사무실에 한정되어 있는 편이다. 상해나 북경, 심천 정도의 중심가에 일정 부분 공용 와이파이 지역이 있으나 역시 제한적이다. 요즘 게임의 주요한 트렌드인 '경쟁'이라는 특성상 잦은 접속이나 빠른 업데이트를 바라는 유저들의 마음을 이해해서 접근할 필요가 있는데, 이때 게임 용량과 무선 인터넷 데이터 사용 관련 부분은 한국의 게임 개발사 입장에서는 가장 먼저 고려해야 할 대상이라 여겨진다.

디바이스 환경에 대한 부분도 주요한 고려 대상이다. 어찌보면 이 부분은 네트워크 환경보다 더 민감한 부분이 될 수 있다. 디바이스의 종류가 한국과는 비교할 수 없을 만큼 다양하기 때문이다. 한국 개발자들끼리 반 농담처럼 하는 이야기지만, 한국 게임 시장에서는 삼성 스마트폰 제품만 제대로 대응해도 모바일 게임을 출시하는 데 아무런 문제가 없다. 하지만 중국에는 애플, 삼성뿐 아니라 샤오미, 화웨이, 레노버, ZTE, HTC, 소니 등 우리가 익히 아는 브랜드 외에도 수백여 종의 알려지지 않은 스마트폰 브랜드가 존재한다. 물론 이 브랜드를 다 대응하라는 의미는 아니며, 그건 단언컨데 불가능하다. 하지만 한국에 비해 월등히 많은 게임 디바이스를 신경 써야 하는 것은 맞다.

제조사 브랜드가 다양할 뿐만 아니라 동일한 브랜드에도 다양한 기종이 있다. 메모리와 GPU, 용량, 해상도, 소프트웨어의 버전까지 고려하기 시작하면 게임 개발팀은 더더욱 바빠진다. 어느 브랜드의 어느 모델까지 대응할 것인지 소프트웨어의 버전은 어디까지 지원할 것인지에 대한 기준이 필요하다. 물론 개발 초기의 기준이나 한국 서비스에서 잡아놓은 부분에서 큰 차이를 두는 것은 쉽지 않겠지만, 어떤 경우에는 도저히 놓쳐서는 안 될 고객층을 겨냥한 최적화도 과감하게 수행해야만 한다. 가령 중국에서는 현재 1GB의 메모리 디바이스가 지금도 주력으로 쓰일 뿐만 아니라 여전히 512MB 메모리의 디바이스도 '현역'으로 심심치 않게 쓰이는 것을 볼 수 있다. 한국의 최신 스마트폰은 기본 용량이 2GB인 경우도 적지 않으며 요즘은 3GB가 대세다. 따라서 최적화 없이 그대로 중국으로 건너간다면 대다수의 중국 유저들은 게임을 해보지도 못하는 상황이 발생할 것이다. 데이터의 용량만큼이나 디바이스 메모리를 아껴써야 중국 스마트폰에서 제대로 게임이 돌아갈 것이다.

가능한 한 많은 단말기에서 게임이 돌아가도록 대응한다는 것은 비단 수익을 넓힌다는 측면뿐만 아니라 운영상에서도 꽤 중요한 이슈가 된다. 하루에도 수많은 게임들이 쏟아져 나오는 가운데 '내 폰에서는 이 게임이 안 돌아가요.'라는 유저들의 악플은 이후에 들어올 잠재적인 고객마저 떠나보내는 수단이 되기 때문이다. 게임 최적화는 한국보다는 중국처럼 열악한 환경에서 더 많이 신경 써야 하는 부분인 것이다.

가장 자본주의적인 사고방식이 강한 중국인이지만 중국은 여전히 사회주의 국가다. 일당 독재국가이며 정부가 개인의 사상을 통제하고 언제든 새로운 규제를 만들어낼 수도 있다. 따라서 모바일 게임의 소재나 표현도 너무 우리 식대로 자유롭게 접근하는 것은 금물이다. 2000년대 초반까지만 해도 인터넷에서 '섹스', '도박', '파룬궁'이라는 단어가 검색조차 안 되던 곳이 바로 중국이다. 상당히 개방된 현재에도 노골적인 성인물은 당연히 금지되어 있고 겜블 게임도 현행법상 환전은 불가능하다. 전 세계에서 가장 도박을 좋아하는 민족이 중국인이라는 관점에서 보면 정말 아이러니한 일이긴 하다. 매우 열악한 중소도시에도 마작방 같은 도박 장소는 반드시 눈에 띄는 게 중국의 현실인데 온라인에 대한 규제는 유독 심한 편이다.

우리가 패러디 혹은 풍자라고 생각하는 묘사도 조심스러워야 하며, 중국인의 국민성을 자극하는 표현이나 마케팅도 잘못하면 역풍을 맞을 수 있다. 내가 2012년에 개발한 〈파이터시티〉(중문명 〈격투지성〉)라는 게임을 중국에 직접 서비스한 적이 있었는데 당시 중국과 일본이 중국 남해상의 다오위다오(일본명 센가쿠 열도)라는 섬을 놓고 영토 분쟁 중이었다. 〈파이터시티〉는 위치 기반의 '도장 깨기' 게임인지라 그 다오위다오라는 장소에 가상의 일본인 이름으로 고렙 도장을 하나 만들었다가 중국 유저들의 뜨거운 반응에 놀랐던 적이 있었다. 비록 가상의 게임이지만 실제 영토 분쟁이 있는 지역을 일본 유저가 점령했다는 내용이 인터넷에서 퍼지면서, 일본인을 일단 싫어하는 중국인들의 자존심이 게임 속의 집단 행동으로 이어지게 된 것이다. 마케팅상으로는 어쩌면 대단한 성공 사례가 될수도 있었지만 중국 공안을 자극할 만한 우려가 높다는 중국 변호사와 스탭들의 만류에 의해 바로 그 콘텐츠는 내려야 했다. 이렇듯 문화와 국민성 측면에서 민감한 부분을 특히 조심해야 하는 곳이 중국이다.

이렇듯 규제가 심하고 통제와 표현의 검열이 필요한 국가이다보니 역사와 신화 혹은 가상의 판타지가 주요 소재가 될 수밖에 없다. 아무래도 자신들의 이야기이다 보니 삼국지와 무협 관련 소재가 가장 활발했으나, 〈월드 오브 워크래프트〉나 〈리그 오브 레전드ᴸᴼᴸ〉의 중국 내 빅히트와 서양의 에픽물이 많이 전달되면서 중세 판타지의 이야기도 많은 게임의 소재로 거부감 없이 사용된다. 하지만 역시 「삼국지」와 무협이 아직까지는 가장 대중적인 소재임은 변함없다. 자신들을 배경으로 한 소재이기 때문이다. 만약 중국만을 대상으로 게임을 개발한다면 충분히 고려해볼 만한 소재 전략이다.

중국 회사와 사업 제휴를 맺기 위해서는 먼저 사업적 환경에 대한 이해가 필요하다. 계약의 주체가 누구인지가 첫 번째다. 중국의 법인은 외자 법인과 내자 법인으로 구분된다. 외국인의 지분이 1%라도 들어가면 외자 법인이 된다. 외자 법인은 중국 내에서 합법적으로 게임을 운영하기 위한 ICP(인터넷 경영 허가증)를 발급받을 수 없다. 사실 모바일 게임의 경우는 오픈마켓(앱 스토어)에 게임을 업로드하는 방식이라 ICP 발급과 무관하게 게임을 서비스하고 있지만, 중장기적으로는 이 부분도 중국 정부에서 어떤 형태로든 규제의 방법을 찾을 것으로 예상된다. ICP를 보유한 중국 내자 법인과 다이렉트로 외국 기업이 서비스 계약을 맺는 경우도 쉽지 않다. 이 경우는 계약금과 로열티 송금, 세금 등의 이슈가 있기 때문이다. 중국 정부는 외화 유출을 엄격하게 제한하는 터라 내자 기업이 외국으로 송금할 경우 엄격히 심사할 뿐만 아니라 높은 세금을 부과한다. 사정이 이렇다 보니 보통 중국에서 인터넷 사업을 하는 기업들은 조세피난처인 바하마, 버진아일랜드 같은 곳에 지주회사를 설립하고 합법적으로 설립한 외자 법인과 서비스를 위한 내자 법인을 별도로 설립하는 경우가 많다. 문제는 이 과정에서 외부의 계약 주체와 분쟁이 발생한다면 책임을 묻는 주체가 법적으로 애매한 경우가 적지 않다는 것이다. 사실은 내·외자 법인 간의 실질적 혹은 명의적 소유의 문제로도 많은 사건이

터지는 곳이기도 하다. 이러한 점을 판단해 계약의 주체와 송금의 주체 그리고 책임의 주체 등을 꼼꼼히 살펴야 한다.

또 다른 사항은 당연한 이야기이지만 계약 내용에서 빠져 있는 부분을 챙기기란 불가능하다는 것이다. 사실 계약서에 명시되어도 지켜지지 않은 경우가 적지 않다. 가령 어떤 3자 마켓과 직접적인 마케팅 물량 지원을 조건으로 계약을 맺어도 실제로 해당 마켓에서의 마케팅 물량 지원이 기대했던 혹은 약속했던 만큼 지원되지 않는 경우가 많다. 이런 상황에서 그 이유를 따져보면 백가지도 넘게 나올 수 있다. '지원된 줄 알았는데 빠져있었나?'라고 되묻는 오리발형부터 갑자기 다른 국내 쪽 게임이랑 겹쳐서 다음 번에 지원해준다는 발뺌형, 게임이 제대로 나오지 않아서 지원되지 않았다는 적반하장형에 이르기까지 다양하다. 확실한 것은 계획적이든 우발적이든 간에 그 결과에 대해서는 아무도 책임지는 이가 없다는 사실이다. 그렇다고 화를 내거나 계약을 파기한다고 해서 문제가 해결되지는 않는다. 엑토즈도 〈미르의 전설〉의 로열티 문제를 가지고 국제사법재판소 제소를 거론하고 저작권 인식에 대해 끊임없이 문제 제기를 하면서 열을 올렸지만, 결국 그 갈등의 대상이었던 샨다에게 인수당하고 말았다. 이런 사례에 비춰볼 때 가장 좋은 것은 문제가 발생하지 않도록 하는 것이지만 이미 발생된 문제를 분노의 발산이나 합리적 송사를 통해 해결하는 것은 일단 어렵다. 중국에서는 그런 상황을 방지하기 위해 혹은 해결하기 위해 '꽌시(관계)'라는 것에 신경 써야 한다.

▲ 중국 사업의 가장 중요한 요소 중 하나인 '꽌시'

중국인의 꽌시 문화는 다양하게 해석된다. 대체로 외국인들의 눈에 보이는 꽌시는 마치 '뇌물'과도 같은 부패의 대명사처럼 알려져 있기도 하고, 가족과 친척 같은 혈연 위주의 유대감으로 해석되기도 하며 혹은 서로 돕고 협력하는 품앗이^{Give and Take}로 인식되기도 한다. 모두 일정 부분 동의하는 면이 있다. 확실히 중국의 공무원 사회에서는 '되는 것도 없고, 안 되는 것도 없다.'라는 알쏭달쏭한 말도 존재하고 '모르는 사람에게는 뇌물도 받지 않는다.'는 의미심장한 이야기도 존재한다. 중요한 것은 어떤 일이 발생했을 때 문제 해결에 도움을 줄 수 있을 정도의 꽌시란 중국에서 반드시 필요한 부분이라는 사실이다. 서로 간에 간섭하지 않고 남의 영역을 무의식 중에서라도 침해하는 것에 민감하고 어떤 결과에 대한 책임을 싫어하는 중국인들에게 계약 자체의 책임을 지우기보다는 서로 간의 (뇌물이 아닌) 이익 혹은 감정상으로라도 주고받을 수 있는 공감대를 형성하는 것이 중요하다.

가령 어떤 게임을 계약해서 서비스를 진행하는 데 물리적인 서버에 문제가 생겨서 유저들로부터 심각한 클레임이 발생했다고 가정하면 어떤 대응이 필요할까? 미국이라면 법무팀이 손해에 따른 배상을 위해 움직일 것이고 일본이라면 문제의 원인과 해결 방안에 대한 수백 페이지짜리 리포트를 요구할 것이며, 아마 한국이라면 일단 버럭 화를 낼지도 모르겠다. 중국에서는 이 셋 모두 적절한 해법이 아니다. 문제를 스스로 해결할 수 있다면 기다려 주고, 그게 아니라면 뒤에서 조용히 해결할 수 있도록 도운 다음에 이후에 비공식적으로 문제의 해결과 원인을 찾는다. 그러면 그 담당자와 당신은 꽌시가 쌓인다. 한 번 도움을 받았으니 어떤 형태로든 갚아야 한다고 생각하는 것이 또 중국인이다. 이후에는 좀 더 편한 이야기를 주고받을 수 있을 것이다. 물론 비공식적인 루트로 말이다.

반대로 직접적인 문제 제기를 한다면 그것이 눈에 뻔하게 보이는 잘못일지라도 절대로 인정하지 않는다. 인정하는 순간 본인이 죽는다고 생각한다. 이러한 문화는 마오쩌뚱의 '문화대혁명'이라는 공포정치 시대로부터 기인한다. 그 당시에 초법적인 활동을 하면서 오직 마오쩌뚱을 신격화하며 추앙하던 홍위병이라는 무리가 있었는데, 이들은 일하다가 하늘을 보고 한숨을 쉬는 농부조차도 마오쩌뚱 주석에 대한 불경죄로 몰아 즉결 심판에 처했다. 법정에서는 더욱 가혹했는데 한국에서 죄를 인정하고 뉘우치면 정상참작되어 감형될 일이라도, 이 당시 중국에서는 죄를 인정하는 순간 '조리돌림(형벌의 일종으로, 죄상을 적나라하게 드러내 죄인의 수치심을 극대화하는 것)'을 당했다. 즉 끝까지 우기나 인정하나 조리돌림으로 결과가 똑같으니 조금이라도 죄를 덜 가능성이 있다면 설령 거짓말일지라도 마지막까지 죄를 인정하지 않거나 억울함을 항변했던 것이다. 이것은 현재 중국 전반의 문제로 나타나는 책임 회피 문화나 남의 일을 돕거나 간섭하지 않는 이상한 문화로 발전했다. 따라서 일이 잘 진행되기를 바라면 절대 공개적으로 어떤 잘못을 지적해서는 안 된다. 꽌시를 쌓기 위해서는 상대편의 잘잘못을 몇 번쯤은 눈감아줄 수 있는 아량과 인내심이 있어야 한다. 이처럼 중국에서의 사업은 인내심을 가장 중요한 덕목 중 하나로 요구한다.

결제

중국 모바일 게임시장에 빅뱅이 발생한 이유는 크게 두 가지로 볼 수 있다. 가장 큰 이유는 당연히 스마트폰 보급의 확대일 것이고, 그 외 다른 하나를 더 꼽자면 결제의 편의성이 대폭 향상된 점이다. 어떤 비즈니스나 장사를 하더라도 수익이 있어야 한다. 돈을 벌지 못하는 산업은 성장할 수 없다. 수익을 내는 방식인 BM이야 콘텐츠를 만드는 이들의 연구와 노력에 의해 만들어지는데, 이러한 게임 콘텐츠를 구입하는 방식에는 결제 수단이 반드시 필요하다. 전통적인 시장에서처럼 현금을 주고 게임 콘텐츠를 구매하기가 어렵기 때문이다. 그리고 과거로부터 중국은 이러한 게임에서의 지불 방식이 꽤나 불편했던 국가 중 하나였다.

실제 온라인 게임이 활성화되던 시절부터 가장 높은 결제 비중을 보인 수단은 PP^Pre Paid 카드(선불결제카드)였다. 이 PP카드의 유통수수료는 상당히 높은 수준인 40% 정도였다. 이와 같은 높은 수수료에도 불구하고 쓸 수밖에 없는 이유는 여러가지 유통 문제에 부딪히기 때문이다. 그러다 보니 대형 퍼블리셔의 경우 PP카드 유통회사를 설립하거나 인수해서 밖으로 세어나가는 돈이 없도록 관리했다. 혹은 PP카드를 유통하던 회사가 역으로 온라인 게임 퍼블리싱 사업에 뛰어드는 경우도 적지 않았다. 샨다도 그러했다. 이렇듯 결제 수단은 게임산업이 발전해가는 데 중요한 영향을 끼친다.

모바일 게임 시대에 결제에 가장 큰 영향을 미친 수단으로는 무엇보다 '알리페이(즈푸바오)'를 들 수 있다. 알리페이는 타오바오라는 중국 최대의 C2C 전자상거래 서비스에서 사용되는 가상화폐인데 미국에는 비슷한 개념의 결제 서비스로 페이팔^{Paypal}이 있다. 알리페이는 얼마전 사상 최대 규모의 기업 공개^{IPO}를 한 알리바바그룹에서 만든 서비스로, 2014년 7월을 기준으로 사용자 수가 8억 2,000만 명을 돌파했다. 중국 전체 인구를 기준으로 볼 때 5명 중 3명 이상이 알리페이를 쓰는 것이다. 노인과 미성년자를 제외하면 중국의 거의 모든 경제활동인구가 이 알리페이 서비스를 사용한다고 봐도 무방할 정도다. 이 알리페이는 온 · 오프라인의 다양한 수단으로 현재 중국에서 가장 많이 사용되는 결제 수단이다. 온라인 소매 결제와 기업 간의 도매 결제뿐 아니라 개인 간의 송금을 비롯한 각종 결제에도 자유롭게 사용되고, 공공시설 비용(수도세, 전기세, 통신비 등의 각종 공공 요금)도 손쉽게 결제할 수 있다. 심지어 디디다처^{滴滴打車}와 같은 예약택시 서비스의 경우 택시비 결제까지도 가능하다. 알리페이가 이와 같이 초고속 성장한 배경으로, 한국에 비해 신용카드의 발급 조건이 까다로울 뿐 아니라 보급도 늦었기에 현금과 다른 대체 결제 수단이 도리어 더 빨리 성장하는 기반이 마련된 점을 들 수 있다. 한국은 2014년 후반부터 뒤늦게 '핀테크Fin Tech' 열풍이 불면서 관련한 기술 개발 및 투자에 관심을 쏟기 시작했다면 중국은 이미 이쪽 시장은 미국만큼이나 빨리 레드오션화되었다.

당연히 모바일 게임에서도 현재 알리페이 결제가 가장 많이 쓰인다. 정확하게는, 알리페이로 인해 모바일 결제의 규모가 늘어났다고 해도 과언이 아닐 정도로 지대한 기여를 했다. 특히 모바일 결제에 많은 돈을 아끼지 않는 헤비 과금러의 경우 가장 많이 이용하는 방식이기도 하다. 수수료도 대략 3% 이내 수준으로, 과거 PP카드 시절의 유통수수료인 40%에 비해 압도적으로 저렴하다. 그 결과 게임회사나 플랫폼들도 알리페이를 앞다퉈 도입했고 현재 가장 많이 쓰는 결제 수단이 되었다.

▲ 중국 핀테크의 황금기를 가져온 알리페이

하지만 작금의 중국 서비스에서 모바일 운영사가 직접 알리페이를 설치하는 경우는 점점 줄어들고 있다. 중국 내 대형 플랫폼(혹은 마켓)에서는 자체 결제를 의무적으로 탑재하도록 규정을 바꿨기 때문이다. 불과 2~3년전까지만 해도 대형 마켓에 자유롭게 개발자(혹은 사업자) 등록을 하고 게임을 올릴 수 있었다. 마켓 결제를 붙이면 30%의 수수료를 떼어갔고 그렇지 않은 경우에는 무관했다. 가령 A라는 게임에 알리페이 결제를 붙이고 360마켓, 바이두, 완도우자 등의 주요한 마켓에 올리면 개발사(혹은 사업자)는 오직 3% 이내의 알리페이 수수료만 제외하면 온전히 수익을 보존할 수 있었으나 2013년 이후에는 그 방법이 더 이상 불가능해졌다. 그때부터는 의무적으로 마켓 결제 SDK를 탑재해야만 올릴 수 있게 된 것이다. 트래픽을 모으는 것이 더 중요한 중소형 마켓들은 여전히 예전처럼 자유롭게 업로드할 수 있다. 다만 얼마만큼의 유저 유입 효과가 있는지는 담보할 수 없고, 그나마 조금이라도 유저 풀이 생기면 자체 결제를 붙여서 수수료를 떼는 것이 현재 중국의 모바일 게임 결제시장에서 발생하는 상황이다.

▲ 바이두 마켓에서의 결제 화면

대형 마켓은 각각의 결제에 대응해야 한다. 적어도 360마켓, 바이두(91마켓 포함), 잉용바오(텐센트), 완도우자, 샤오미 마켓 등은 기본적으로 챙겨야 할 마켓이다. 당연히 각각의 결제 SDK를 붙여야 한다. 그 결제 SDK 안에는 알리페이, 은행카드, PP카드, 자체 캐시(넥슨 캐시 같은 개념으로 이해하면 된다.) 같은 것과 연동되어 게임 내에서 상품 결제를 할 수 있다. 물론 360마켓, 91마켓, QQ의 자체 결제 수단도 잔액이 없으면 충전해야 하고 그 충전 수단은 역시 알리페이, 은행카드, PP카드 등을 이용해서 충전한다. 즉 모바일 앱 내에서 자체적인 결제 수단과 알리페이, 은행카드, PP카드 같은 수단을 제공하면서 자체 결제 수단은 웹에서 역시 별도 충전할 수 있도록 되어 있는 메커니즘인 것이다.

여기에 또 한 가지 중요한 결제 수단이 존재한다. 바로 이동통신사 결제다. 중국의 이동통신사에는 3개 업체가 있으며, 그 각각은 차이나모바일, 차이나유니콤, 차이나텔레콤이다. 이 중 차이나모바일이 2014년 10월 기준으로 62.5%의 압도적인 점유율을 나타내고 있으며, 이어서 차이나유니콤이 22.9%로 2위를 차지하고 있다. 이들은 각각 통신사 자체 마켓을 보유하고 있는데 3자 마켓 등에 비해 뚜렷한 성과는 거두지 못하는 형편이다. 추측컨대 통신 시장의 점유율을 넓히는 싸움만으로도 벅찬 상황이고, 앱 마켓이야 언제든 자신들이 역량을 집중하면 CP(콘텐츠 공급자)들을 확보해서 늘려나갈 수 있다고 판단하기 때문으로 보인다.

통신사 마켓이 딱히 유저들에게 매력적이지 않은 반면, 통신사의 결제 수단은 꽤나 유용하게 사용되고 있다. 특히 30위안 이하의 소액 결제에서는 통신사의 결제 수단이 절대적으로 많이 사용되고 있다. 통신사 결제는 알리페이나 은행카드, PP카드와 달리 자신의 전화번호만 한 번 확인하면 간단하게 진행되고 온라인 상태가 아닌 SMS로도 결제할 수 있기 때문이다. 반면 여타의 결제 수단은 회원가입 이후에도 결제 때마다 네트워크 연결 상태로 확인해줘야 하는 번거로움이 따른다. 결제 서비스에서 가장 중요한 것은 역시 간편함인데, 통신사 결제는 이런 점에서 다른 결제 수단에 비해 월등한 장점을 갖추고 있다.

다만 이동통신사의 통합 결제 SDK는 제공되지 않고 있다. 그래서 개발사나 운영사는 각각의 이통통신사 결제를 붙이는 작업을 별도로 진행해야 하는 번거로움을 감수해야 한다. 몇 년 전부터 통신사끼리의 협업을 통해 통합 결제 모듈이 나올 것이라는 소문이 무성했으나 역시 경쟁 관계에 있는 회사들이 이해관계를 넘어서 협업하기란 쉽지 않은 듯싶다. 중국의 대형 퍼블리셔는 이러한 이동통신 3사의 SDK를 묶는 자체 SDK를 제공하기도 한다. 한국의 사용자 입장에서는 한 번의 연동 작업으로 이동통신 3사의 결제를 모두 이용할 수 있으니 편리하긴 한데, 의외로 이동통신 3사의 SDK 업데이트가 서버를 통해 별다른 공지 없이 이뤄지는 경우가 많아 결제 오류 등의 버그에 노출되는 약점이 있다. 따라서 결제 SDK 전담팀이 별도로 존재하면서 이동통신사와 긴밀한 협조 관계가 이뤄지지 않는 경우에는 각각 적용하는 것보다 효율적이지 않다는 것도 체크해야 할 부분이다.

그러면 보편적으로 중국에 서비스하기 위해서는 몇 개의 결제를 붙여야 할까?

- 360, 바이두(91마켓 포함), 잉용바오(텐센트) 같은 3대 마켓의 자체 SDK
- 차이나모바일, 차이나유니콤 양대 이동통신사 결제
- 제조사 마켓 중에 가장 점유율이 좋은 샤오미 마켓
- XY탈옥마켓^{XY苹果助手} 혹은 PP탈옥마켓^{PP助手}과 같은 탈옥 마켓 2~3종
- 정식 애플 앱 스토어
- 나머지 안드로이드 마켓에서의 결제를 커버할 수 있는 알리페이

이 정도 수준으로 대략 10개 정도의 작업을 진행한다면 어느 정도 중국 모바일 게임시장의 결제를 커버할 수 있다. 결제 모듈은 10개이지만 사실 검수 과정은 좀 더 복잡하고 귀찮은 측면이 있다. 각각의 SDK가 적용된 버전과 3자 마켓의 결제를 다 붙인 버전을 별도로 검수받아야 하기 때문이다. 하나가 어긋나면 줄줄이 버그가 발생하는 것이 흔히 생기는 귀찮은 문제이긴 하다. 난이도는 높지 않으나 물리적으로 시간이 걸린다는 단점이 존재한다.

10여 개의 결제 작업이 많다고 느껴지는가? 하지만 과거에 비하면 지금은 한결 간소한 개수로 줄어들었다. 무엇보다 작업 매뉴얼이라는 것이 생겼고 송금의 투명성도 생겼다. 해볼 만한 작업이자 도전이다.

유저의 특징

2014년 상반기를 분석한 '상반기 중국 모바일 게임시장 보고서 China Mobile Game Maket Semi-Annual Report'와 2014년 상·하반기를 분석한 뉴주NEWZOO의 리포트를 합하면 현재 중국 모바일 게임 유저의 일반적인 성향을 파악할 수 있다.

첫 번째로, '상반기 중국 모바일 게임시장 보고서'를 보면 중국 유저들이 선호하는 장르는 캐주얼 퍼즐 게임이 19.6%로 가장 높고, 러닝running 게임이 15.1%, 액션 게임이 11%로 그 뒤를 잇는다. 이에 반해 뉴주의 리포트에서는 선호하는 장르가 레이싱, 전략, RPG, 포커, 두뇌 훈련의 순서로 나온다. 아마도 텐센트가 위챗 및 QQ에 연동까지 하며 야심차게 내놓은 〈텐텐아이쇼추天天愛消除〉(〈애니팡〉 카피), 〈텐텐쿠포우天天酷跑〉(〈윈드러너〉 카피) 등의 게임이 2014년에 큰 인기를 끌었는데, 이 중에서 〈텐텐쿠포우〉를 레이싱 장르로 보느냐 혹은 러닝 게임 장르로 보느냐에 따른 해석의 차이로 인해 선호 장르의 순서가 달라진 것으로 보인다. 또한 2014년 하반기에는 전 세계를 강타한 슈퍼셀의 〈클래시 오브 클랜CoC〉과 〈붐비치〉도 본격적으로 마케팅 물량을 쏟아부으며 중국에 본격적으로 상륙했고 〈도탑전기〉, 〈천룡팔부〉, 〈태극팬더〉 등의 중국산 게임들이 큰 인기를 끌었다.

사실 장르를 세분화하는 것은 큰 의미가 없다고 본다. 히트 게임이 하나 나오면 3개월 이내에 카피 게임이 우르르 쏟아져 나오는 것이 중국 시장이기 때문이다. 그러므로 후발 카피 게임에 점유율을 빼앗기지 않을 만큼의 경쟁력만 갖추면 된다. 장르는 미들코어^{Middle core} 중심의 RPG, TCG, 전략 게임인지 혹은 퍼즐, 러닝, 레이싱, 퀴즈 같은 캐주얼 게임인지만 구분하면 된다. 왜냐하면 본질적으로 미들코어 유저와 캐주얼 유저는 다르기 때문이다. 전자는 게임 하나를 붙잡으면 한 번에 오랜 시간을 투자하고 결제의 비중도 높은 적극적 유저의 모습을 보이고, 후자는 오랜 시간보다는 자주 접속하고 결제를 아예 하지 않거나 소액 위주로만 결제한다.

두 번째로는 모바일 게임의 이용자는 남성이 68.9%로 월등히 높고, 연령층으로 보면 18~30세의 이용자가 58.4%이며 전문대 이상의 학력을 가진 유저가 67.9%를 차지한다는 부분이다. 얼핏 한국과도 비슷해 보인다. 스마트폰의 용도를 성별로 분석하면, 남성들은 대체로 게임을 좋아하고 여성들은 SNS를 더 선호하는 부분이 그렇다. 연령대가 30대 이하에 집중되어 있는 부분은 PC 기반의 클라이언트 게임이나 웹 게임을 즐기는 30대 이상의 연령층이 모바일 게임 쪽으로 완전히 넘어올 여지가 여전히 크다는 사실도 의미한다. 이용자의 학력과 모바일 게임 이용의 상관관계에 대해 좀 더 살펴보면 대체로 저학력 계층에서는 스마트폰 보급이 충분히 이뤄지지 않아 모바일 게임 이용자의 비중이 적고, 대도시에 비해 평균적인 학력 수준이 낮으면서 네트워크 환경이 열악한 지방 중소도시는 아직까지 모바일 게임을 제대로 접해보기 어려운 환경이라는 사실을 의미하기도 한다.

세 번째로는 모바일 게임을 선택할 때 게임 장르를 고려한다는 응답이 71.1%라는 점이다. 이하 순서로는 조작 편의성이 36.6%, 그래픽의 퀄리티가 26.4%였다. 앞에서는 당연한 듯 고개를 끄덕이다가도 뒷부분에서는 갸우뚱하게 된다. 주지했다시피 유저들의 게임 선호 장르는 여간해서 바뀌기 힘든 부분이다. 액션 영화를 좋아하는 사람이 어느 날 멜로 영화로 취향이 바뀌는 것은 특별한 이유가 없는 한 불가능하다. 게임 개발사나 퍼블리셔가 제작 혹은 사업을 위해 가장 먼저 고민하는 부분은 '누구를 대상으로 할 것인가?'다. 이는 바로 게임의 장르를 어떤 것으로 할 것인가와 동일한 질문이기도 하다.

미들코어 RPG 유저의 수는 캐주얼 유저보다 적다. 그 이유는 게임 자체의 난이도와 이로 인한 접근성이라는 장벽에 있다. 하지만 이들은 일단 게임에 안착되면 맹목적인 충성도를 보인다. 그 충성도는 돈 아니면 시간으로 나타난다. 혹은 둘 다 아낌없이 소비하는 유저도 적지 않다. 그래서 게임사들은 대체로 미들코어 게임들을 선호하는 편이다. 다만 제작비가 많이 들고 기존의 강자들을 뚫고 안착하기기가 쉽지 않으며 개발의 난이도 또한 매우 높다는 현실적인 문제가 있다.

반면 캐주얼 게임은 유저가 많다. 유저가 많다는 것은 그 자체만으로도 큰 장점이다. 아무리 욕을 먹는 게임이라도 사용자가 많으면 고치고 바로잡아서 서비스하면 된다. 하지만 최고로 잘 만든 게임이라도 사용자가 없으면 죽은 게임으로 전락한다. 캐주얼 게임이 유저도 많고 유저를 모으기도 상대적으로 쉬우며 접근성도 좋다는 장점이 있다. 단점은 유저들이 많고 모으는 것이 쉬운 반면에 떠나기도 쉽다는 것이다. 캐주얼 게임은 개발 난이도가 상대적으로 낮다 보니 시장에 비슷한 게임도 많다. 선택의 폭이 넓다는 점에서 나의 게임을 꼭 선택해야 할 특별한 이유를 마련해서 유저들에게 제시해야 한다. 설령 그런 특별함을 제공한다고 해도 비슷한 아니 똑같은 게임이 단기간에 나올 수 있는 리스크도 존재한다. 이렇듯 장점과 단점은 정반대의 대척점에 있기 마련이다.

네 번째로, 앱 스토어에서 다운로드 순위를 보고 게임을 선택한다는 유저가 34.6%였고, 앱 스토어의 추천 내용을 보고 다운로드한다는 유저가 28.2%였다. 이 두 가지 경우를 합치면 유저의 62.8%가 별다른 광고나 마케팅 수단 없이 단지 앱 스토어 자체의 정보를 보고 게임을 다운로드한다는 이야기다. 사실 놀라운 일은 아니다. 전 세계 어디서나 공통적인 현상이기 때문이다. 따라서 현재 모바일 게임의 절대적인 마케팅 목표는 앱 스토어 랭킹에 오를 수 있는 다운로드 수가 되도록 만드는 것이다. 그렇게 애플 앱 스토어와 구글 플레이 스토어의 랭킹 알고리즘을 연구해서 효율적인 비용 집행을 하도록 만든다는 것이 대부분의 마케팅 회사의 목표인데, 중국 시장에는 결정적인 한 가지 문제가 있으니 바로 구글 플레이 스토어가 없다는 점이다.

중국은 구글 플레이 스토어가 없는 대신 별도의 3자 마켓, 이동통신사 마켓, 혹은 공급자가 직접 제공하는 마켓이 있고 공식애플 앱 스토어는 있지만 그것에 준한 수준의 점유율을 가지고있는 탈옥 마켓이 공존한다. 여기서 공식 애플 앱 스토어 차이나를 제외하고 모든 랭킹 순위나 피처드(추천 배너)는 마켓에서 조정(조작이라고 해도 무방함)한다. 그게 현재 중국 마켓들이 수수료를 절반에 가깝게 떼갈 수 있는 무기인 셈이다. 62.8%의 유저가마켓에서 노출되는 피처와 순위를 보고 다운로드 여부를 결정하는 데다가 그 노출 권한을 직접적으로 마켓에서 쥐고 있다면 어쩔 수 없이 마켓의 정책을 따라갈 수밖에 없다. 애플과 구글 같은미국 기업들의 플랫폼 랭킹은 자유 경쟁(?) 체제를 선호하지만 중국 기업의 경우 그것을 노골적인 사업 수단으로 판단한다. 이 점이 중국 모바일 마케팅과 여타 시장과의 본질적인 차이점이며 전략적 접근을 위한 핵심적인 사안이기도 하다.

다섯 번째로, 게임 기록을 친구들에게 공유하는 유저가29.7%, 게임 순위를 올리기 위해 노력한다는 유저가 24.4%, 다른 유저들과 게임 속에서 소통하기를 바란다는 유저가 20%에 이르렀다. 불과 3년 전만 하더라도 중국에서는 싱글 게임들이 좀 더큰 인기를 끌고 있었다. 추콩을 현재의 거대 퍼블리셔로 키운 게임도 〈피싱 조이〉라는 싱글 게임이었다. 네트워크 게임이 본격적으로 자리잡은 것은 〈드래곤 포스〉, 〈마스터탱커〉(〈워자오MT〉)부터였고 그 시점은 불과 3년밖에 되지 않았다. 하지만 그 짧은 시간 동안에 고사양 스마트폰이 폭발적으로 보급되었고 무선 인터넷의 데이터 전송 속도는 빨라졌으며 그 시대의 조류에 맞게 모바일 앱 마켓에서도 네트워크 게임을 요구하게 되었다. 그 어떤 게임도 혼자 노는 것보다 여러 사람이 더불어 노는 것이 더 재밌는 법이다. 모바일 게임 역시 마찬가지다.

여섯 번째로, 자신이 즐기는 모바일 게임과 관련해 어디에서 유저들과 소통하고 싶은지에 대해서는 위챗 29.6%, QQ 19.2%, QQ 게임 플랫폼 23.7%, 게임 내부 23.7%, 게임 커뮤니티 11.2%라고 각각 응답했다. 이 설문 결과에서 위챗이나 QQ가 모두 텐센

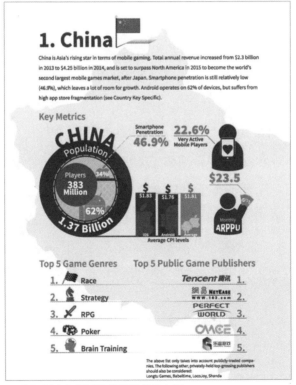

▲ 중국 시장과 유저의 일반적인 특징 (출처: 뉴주)

트의 플랫폼인 걸 감안하면, 텐센트가 플랫폼에 대한 압도적인 장점을 쥐고 있는 셈이다. 한국에서 카카오톡 게임센터가 모바일 게임의 판도를 흔들었듯, 텐센트도 언제든 마음만 먹으면 그럴 수 있는 저력을 가지고 있다. 게다가 이미 온라인 게임시장마저 통일한 텐센트이기에 더더욱 이런 전망은 설득력을 얻는다.

사실 많은 전문가들은 텐센트가 위챗과 QQ를 연동한 모바일 게임 사업을 시작했던 2013년 무렵, 반년 이내에 모바일 게임을 압도적으로 점유할 것이라 예측했었다. 하지만 2014년 하반기를 기준으로 볼 때 텐센트가 운영하는 잉용바오 마켓은 24% 수준으로 1위인 360마켓(29%), 2위인 바이두(자회사인 91마켓 포함 27%)에 이어서 3위권을 유지하고 있다. 전문가들은 그 원인이 텐센트가 운영하는 각종 플랫폼에서 폐쇄적인 결제 정책(가장 높은 점유율의 결제 수단인 알리페이를 막고 이동통신사의 소액 결제도 막는 등)을 도입하고, 자체 퍼블리싱 게임의 서비스를 위한 내부 기준이 높아 적절한 타이밍에 게임을 내놓지 못한 데 있다고 분석한다. 하지만 강력한 자본, 온라인 게임에서의 운영 노하우, 압도적인 플랫폼은 그들이 언제든 중국의 모바일 게임시장을 지배하는 1등 사업자로 거듭나게 만들 잠재적인 원동력으로 꼽힌다. '용龍'은 이제 기지개를 피고 있을 뿐 아직 날아오르지 않았다.

3장

복잡한
중국 마켓의 이해

종류와 특징

주지하다시피 중국에는 구글 플레이 스토어가 없다. 스마트폰 사용자 10명 가운데 6~7명이 안드로이드용 스마트폰을 사용하는데, 구글 마켓이 없다는 것은 상당히 아이러니한 현상이다. 좀 더 정확히 이야기하자면 구글이 제공하는 검색, 동영상 서비스(유튜브), 구글 지도, 메일 서비스 등 구글의 모든 것이 막혀 있다. 구글의 서비스 외에도 페이스북이나 트위터 같은 SNS도 막혀 있다.

왜 막힌 걸까? 당연히 중국 정부에서 막은 것이고, 그 이유는 정치적인 사안이기 때문이다. 그럼 왜 정치적인 사안이라고 판단하는 걸까? 우리가 간혹 잊곤 하지만 중국은 여전히 공산당 일당 독재체제의 국가이기 때문이다. 중국 정부는 구글이나 페이스북의 자유롭고도 여과되지 않은 정보 공유가 정치체제에 심각한 위협을 줄 수 있다고 판단한다. 사실 구글 마켓의 경우 체제의 위협과는 아무런 연관성이 없지만, 중국 정부와 구글이 필터링 이슈로 인해 그다지 사이가 좋지 않으므로 모든 서비스가 막혀 있는 상황으로 봐도 무방할 듯싶다. 하지만 구글은 과거의 뻣뻣했던 모습에서 태도를 바꾸고 현재는 중국 정부와의 관계를 개선하기 위해 공을 들이고 있다. 그 노력 덕분인지 곧 구글 마켓이 정식으로 상륙할 것이라는 관측도 나오고 있다. 또한 페이스북의 CEO인 마크 주커버그도 중국 진출에 대단한 의지를 내비치고 있다. 중국계 여자친구를 사귀고 있는 마크 주커버그는 현재 중국어 공부에 열중하고 있을 뿐 아니라, 2015년 설날에는 중국어로 인사하는 깜짝 퍼포먼스를 벌일 정도로 중국에 대한 끊임없는 애정 공세를 펼치고 있다.

한편, 애플은 구글보다 중국에 좀 더 빨리 자리잡았다. 애플의 창업자이자 성공신화의 주역인 스티브 잡스 시절부터 중국 시장에 공을 들였기 때문이다. 비록 대만계이긴 하지만 엄연히 중국 광동땅에 위치한 폭스콘 공장에서 대부분의 애플 제품을 조립 생산하고 있고, 중국 대도시를 중심으로 애플 오프라인 스토어를 꾸준히 늘려나갔다. 특히 애플은 중국의 오프라인 스토어를 전 세계 어느 도시에서보다도 호화롭게 꾸며나가는 중이다. 당연히 수년간 많은 투자를 했고 심지어 적자를 감수해가면서도 매장 수를 늘려나갔다. 모든 신제품의 최우선 출시는 물론이고, 보급형 아이폰(아이폰5C)도 소득수준이 낮은 중국 시장을 겨냥해서 출시되었다는 관측이 있을 정도로 정성을 쏟았다.

애플은 폴란드의 어느 이름 없는 커피숍에서 도용한 사과 문양에도 소송을 걸 만큼 자신들의 상표권과 지적재산권 보호에 전 세계 어느 기업보다 철저한 입장이었다. 하지만 중국에서만큼은 예외적으로 아이폰이나 아이패드 사용자들에게 상당 부분 이용되는 탈옥 마켓을 방치하고 있다. 아이폰의 탈옥 자체가 해킹이고 그 해킹 버전을 위한 블랙마켓은 당연히 불법이며, 중국 내 iOS 시장을 기준으로 탈옥 마켓의 점유율은 40% 가까이 된다. 자신들의 이익 가운데 40%를 불법적인 수단으로 빼앗기고 있음에도 애플은 여전히 참고 또 참았다. 심지어 2014년에는 아이폰의 가격 및 제품 사양과 관련해 중국의 모 미디어와 갈등을 겪었는데, 결국 애플이 공식 사과하며 마무리되었다. 한국에서 독특한 리퍼 A/S 정책으로 인해 언론과 사용자들이 불만을 쏟아내도 눈 하나 꿈쩍하지 않던 애플이 이렇듯 중국에게만큼은 늘 낮은 자세로 임했다. 탈옥 마켓 정도의 작은 이익을 지키는 것보다 하드웨어(디바이스)의 판매 같은 큰 이익을 챙기는 것이 중요하다고 여겼기 때문이다.

그 결과 애플은 2014년 4분기 중국에서 '초대박'을 터뜨렸다. 전 세계 아이폰 판매량의 36%를 중국에서 판매한 것이다. 이는 미국 본토 판매량인 24%를 훨씬 앞지르는 수치다. 아울러 이 결과는 최초로 중국의 판매량이 미국의 판매량을 앞지른 결과이면서, 그동안 애플이 중국 시장에 들인 노력을 보상받은 결과로 풀이된다. 아이폰 판매량이 이와 같이 증가함으로써, 과거 안드로이드가 90%를 차지하던 모바일 운영체제 시장에 지금과 같이 30%대의 안정적인 점유율로 iOS가 공존하는 계기가 마련되었다.

이 같은 배경 속에 중국의 모바일 마켓을 종류별로 정리해보면 다음과 같다.

- 애플 앱 스토어 차이나
- 애플 탈옥 마켓

- 이동통신사 마켓(차이나모바일, 차이나유니콤, 차이나텔레콤)
- 3자 마켓(360, 바이두, 텐센트 등)
- 휴대폰 제조사 마켓(샤오미, 화웨이 등)

이 중에서 우리가 혹은 대부분의 외국인들이 가장 납득하기 어려운 마켓은 애플 탈옥 마켓과 안드로이드 기반에서의 3자 마켓일 것이다. 3자 마켓은 중국의 인터넷 사업자들이 자체적으로 만든 앱 마켓인데 현재 텐센트, 360, 바이두, 알리바바 같은 중국을 대표하는 IT 기업들이 모두 진출해 치열한 시장 쟁탈전을 벌이고 있을 정도로 활성화되었다.

3자 마켓의 근원으로 거슬러 올라가자면 블랙마켓과 맞닿는다. 그리고 앱이 아닌 웹에서 시작되었다. 좀 더 노골적으로 말하면 불법 게임 자료들을 공유하는 와레즈 사이트(혹은 세대에 따라 'e-donkey'라는 말이 더 익숙할 것이다.)와 비슷하게 출발했다. 좋은 자료를 공유한다는 '해적 정신' 혹은 한국식으로 세상을 널리 이롭게 한다는 '홍익인간'의 정신과는 무관한, 그냥 유저 트래픽을 모은 후에 광고를 통한 수익을 얻는 것이 주요한 수익 모델이었다.

유저 트래픽을 모으는 데는 여러 방법이 있지만, 중국에서는 예전이나 지금이나 성인 콘텐츠가 매우 엄격히 제한될 뿐 아니라 만화나 방송 콘텐츠가 지금과 달리 과거에는 인터넷을 통해 보는 것이 활성화되지 않았던 터라 역시 가장 효과가 확실한 것은 게임이었다. 온라인 게임 초창기에는 해킹 버전인 불법 사설 서버 운영이 전국 각지에서 기승을 부렸고 피처폰 모바일 게임이 나오던 시절에는 역시 해킹한 불법 버전을 모아 올려놓고 트래픽을 모았으며, 이것이 스마트폰 시대로 넘어가면서는 각종 유료, 무료 게임들이 앞다퉈 올라왔다. 일단 무조건 트래픽을 모아야 장사를 할 수 있으니 여기저기(심지어 다른 경쟁 사이트에서 긁어오기까지 함)에서 모바일 게임을 닥치는 대로 모았고, 해당 사이트에 BBS(게시판)가 활성화되고 나면 비로소 '충성 유저(고정 유저)'가 생기는 식으로 성장했다. 그런 식으로 불법과 탈법, 혹은 합법의 경계가 모호한 가운데 생겨난 수천여 개의 3자 마켓이 홍수처럼 범람하게 되었다.

분열 뒤에는 통합의 순서가 기다리고 있었다. 전 세계적인 스마트폰 열풍이 중국에도 불어닥쳤고, 세계적인 개발사들이 각각의 콘텐츠를 가지고 중국에 들어갈 길을 모색하기 시작했다. 그 유명한 〈앵그리버드〉와 〈후르츠 닌자〉 같은 게임의 경우 일반 유료 앱으로 이미 해킹 버전이 중국 전역에 풀려 있었으나, 아이드림스카이idreamsky라는 회사가 정식 판권을 사들인 후 제대로 된 언어를 지원하고 몇몇 디자인 스킨을 바꿔준 수준만으로도 중국 유저들은 열광했다. 즉, 중국도 불법뿐만 아니라 제대로 된 합법 앱인 공식 버전을 찾는 수요가 생겨나기 시작한 것이다. 심천에 위치한 아이드림스카이는 이전까지 별다른 성과가 없던 중국 로컬 퍼블리셔였으나 〈앵그리버드〉와 〈후르츠 닌자〉 이후 일약 스타급 퍼블리셔로 떠오른다. 한편 트래픽을 많이 모은 3자 마켓 중에서는 대규모 투자도 유치하면서 점점 음지에서 양지로 나오려고 시도하는 곳도 있었고, 반대로 트래픽을 제대로 모으지 못한 곳들은 완전한 불법 위주의 콘텐츠를 제공하는 음지로 숨어들어가거나 혹은 자체적인 이합집산 등을 통해 각자도생各自圖生의 방향을 모색하기 시작했다.

원래 대기업 산하라고 할 수 있는 360(360마켓)과 텐센트(잉용바오)는 자체 마켓을 꾸준히 키워나갔다. 바이두는 성공적으로 자생한 3자 마켓 중 하나인 91마켓을 인수했으며 모바일 웹 브라우저로 알려진 UC마켓은 알리바바에 인수되면서 사실상 대규모 자본을 등에 업은 합법 마켓의 길에 들어섰다. 기존의 완도우자, 안즈왕, 안즈워스창 같은 수천만 명에서 1억 명에 근접한 유저 풀이 있던 3자 마켓의 강자들은 대규모 투자까지는 유치했으나 조금씩 경쟁에서 밀리며 사실상 메이저 대열에서는 멀어지는 양상이다. 기존의 온라인 게임 분야 강자인 넷이즈, 퍼펙트월드, 창유 등도 동일한 정체성을 지닌 텐센트와 비슷한 전략으로 별도의 앱 마켓을 만들었거나 혹은 만들고 있는 중이다. 즉 앞으로 1~2년 동안은 3자 마켓 간의 경쟁은 좀 더 치열해지고 살아남을 마켓과 죽거나 혹은 완전히 음지로 숨어들 마켓으로 확실히 분류될 전망이다.

탈옥 마켓은 스마트폰 열풍의 초창기만 하더라도 특별히 의미 있는 마켓은 아니었다. iOS 점유율 자체가 높지 않았기 때문이다. 애플이 이동통신사와 협업하는 방식은 전 세계 어느나라의 이동통신사에도 고압적이었고, 중국의 이동통신사는 그것을 특히 못마땅하게 여겼다. 이런 배경을 가지고 애플과 협업을 타진한 중국의 이동통신사들은 애플이 선뜻 받아들이기 어려운 제안을 했다.

이동통신사의 무선 데이터 요금제를 팔기 위해 와이파이 기능이 삭제된 아이폰을 납품하라는 요구였다. 애플로서는 참 난감한 제안이었지만 차세대 시장으로 판단해 중국 시장에 공을 들여왔던 애플은 그런 황당한 중국 측의 요구조차 수용했고, 이에 따라 중국 내 두 번째 이동통신사인 차이나유니콤에 의해 아이폰이 최초로 중국에 출시되었다. 그 과정에서 애플 앱 스토어에 대한 수요가 늘어나기 시작했다. 게다가 상대적으로 고가인 아이폰을 이용하는 유저들의 결제 비율과 결제 액수는 안드로이드 유저들의 그것보다 월등히 높고 컸다. 이런 시장의 흐름 속에서 정식 마켓뿐만 아니라 탈옥 마켓의 수요가 많아졌고 규모도 커지기 시작했다. XY탈옥마켓XY苹果助手, PP탈옥마켓PP助手, 레빗조수兔子助手, 리우탈옥마켓狸窝苹果助手, 콰이용탈옥마켓快用苹果助手, 통부조수同步助手 등이 현재 일정 점유율을 확보하고 있는 탈옥 마켓들이다.

빅3 마켓

360마켓은 치후360을 통해 운영되는 안드로이드 기반 앱 마켓이다. 치후360은 2009년에 중국 인터넷의 유해한 환경으로부터 네티즌을 보호한다는 명목으로 '360 보안 솔루션'을 무료로 공급하면서 확고하게 지금의 포지셔닝을 차지하기 시작한다. 한국에서 잘 알려진 '중국의 안철수 연구소'라는 애칭은 이때부터 생겨났다. 현재 '360 보안 솔루션'은 약 90%의 시장점유율을 나타내며, 후속 제품이자 360이 사활을 걸고 있는 모바일 분야의 보안 솔루션도 3억 명 이상의 유저가 사용하면서 70%에 달하는 시장점유율을 차지하고 있다. 다만 이 모바일 보안 솔루션의 경우 텐센트와 알리바바도 2014년부터 본격적인 진출을 선포한 바 있으므로 앞으로 치열한 경쟁이 예고되고 있다.

치후360은 이러한 압도적인 보안 솔루션의 점유율을 무기로 검색, 브라우저 시장에서도 의미 있는 점유율을 확보해가고 있고, 앱 마켓에서도 구글이 정식 서비스하지 못하는 틈을 이용해 대기업 산하 기업 중에서는 가장 빠르고 공격적으로 자리잡은 경우에 해당된다. 초기에는 불법 버전 게임들의 수가 많았으나 보안 솔루션 회사라는 브랜드의 입장에서 신속히 합법 마켓으로 탈바꿈을 시도한 케이스다.

360마켓은 2013년을 기점으로 결제 기능과 회원 간의 소셜 기능이 탑재된 자체 SDK를 내놓고, 이후에는 철저한 검수 관리를 통해 합법적인 앱들만 서비스하기 시작한다. 마켓의 수수료율이 올라가고 여타의 결제 수단을 막기 시작한 시점도 그 무렵부터다. 이전까지 70(개발사):30(마켓)이었던 분배 비율이 360 SDK를 탑재하는 조건으로 50:50으로 바뀌었다. 360 SDK를 탑재하지 않으면 이전과는 달리 아예 마켓에 올릴 수 없으니 사실상 수수료율은 그렇게 굳어졌고, 이는 마케팅 지원을 제대로 받지 못하는 중소 개발사들에게 원성이 자자한 정책이 되었다.

때마침 텐센트의 잉용바오가 공격적으로 점유율을 높이며 올라오고, 바이두가 91마켓을 인수하는 등의 행보로 3자 마켓 간의 경쟁이 치열해지면서 360마켓은 정책을 변경했다. 출시 후 3개월까지는 매출 50만 위안(약 9,000만 원)까지 수수료를 떼지 않는 정책을 내세운 것이다. 이 정책은 중소 규모의 개발사나 운영사에게 큰 환영을 받았고 상생의 정책으로까지 평가되기도 했다. 보편적인 모바일 게임의 수명이 대체로 6개월 이내인 점을 감안한다면 360의 이 정책은 꽤나 '중국스럽지 않게' 생태계를 고려한 정책이었고, 그만큼 3자 마켓의 경쟁이 치열해지는 것을 증명하는 모습이었다.

치후360은 한국 개발사에게 가장 적극적으로 프로포즈한 것으로 우리에게 잘 알려져 있다. 〈윈드러너〉, 〈모두의 게임〉, 〈다함

께 차차차〉, 〈드래곤 플라이트〉, 〈아이러브커피〉 등 초창기 카카
오톡과 더불어 인기 있던 한국의 모바일 게임들이 대대적인 지원
과 함께 런칭되었다. 하지만 대부분의 중국 유저들은 위챗과 QQ
메신저 등 오직 텐센트의 SNS 플랫폼을 이용하는 터라 소셜 기능
이 게임의 핵심인 캐주얼 게임들의 경우 기대했던 성과를 내지는
못했다. 반면 〈다크어벤저〉, 〈서머너즈워〉 같은 메신저 형태의 소
셜 기능 없이도 게임 자체의 플레이를 즐기는 데 주력한 게임이
나 혹은 게임 내에서 친구를 천천히 만들어도 되는 게임의 경우
도리어 괜찮은 성과를 거뒀다. 치후360은 여전히 한국의 각종 컨
퍼런스나 전시회 등에 꾸준히 참석하면서 한국 모바일 개발사의
중국 시장 진출에 대한 프로포즈 노력을 아끼지 않고 있다.

2013년 7월 중국 최대 검색엔진 기업인 바이두는 중국의 3자
마켓 서비스 회사인 91닷컴을 인수했다. 인수가는 19억 달러(한화
2조 1,200억 원)였다. 바이두는 검색 서비스에 주력한다는 이유로
전통적으로 게임 사업을 주력 사업에서 제외해왔고 실제 온라인
게임 시대에는 그 기조를 유지했다. 하지만 스마트폰의 열풍과 모
바일 마켓의 활성화는 그들로 하여금 비슷한 IT 분야에서의 경쟁
사인 텐센트, 알리바바 등에 비해 뒤처질 것이라는 위기감을 주었
고, 그에 따라 91닷컴을 인수해 모바일 게임에서만큼은 적극적인
행보를 취하는 것으로 전략이 바뀌었다. 모바일 검색과 모바일 마
켓의 시너지를 만들겠다는 야심찬 계획이었는데, 실제로 그 계획
은 점유율을 높여가는 것으로 효과를 나타내고 있다.

91닷컴은 2007년에 복건성 복주에서 설립되었다. 그 당시에

는 우후죽순으로 생겨났던 수많은 3자 마켓 중 하나였을 뿐이다. 대부분의 3자 마켓이 그러하듯 초창기 91마켓도 불법 앱들이 난무하는 짝퉁 마켓에 불과했다. 하지만 Hiapk, 91조수[91 ZHUSHOU], 91런처 등의 제품을 통해 유저를 빠르게 확보해나갔다. 아울러 가장 먼저 정식으로 개발자 등록을 받고 회원 관리 SDK를 제공하는 등 유저 관리에서도 경쟁사들보다 빠른 행보를 보였다. 게다가 안드로이드 마켓과 iOS 탈옥 마켓을 동시에 보유한 유일한 마켓이었다. 그러다 보니 91마켓의 유저층은 좀 더 충성도가 강한 유저라는 평가를 받았다. 미들코어 모바일 게임을 즐기며 결제율도 높은 남성 유저층이 주를 이뤘는데, 플랫폼 입장에서는 알짜배기 유저층을 많이 보유했던 것이다. 그러다 보니 바이두에게 인수되기 전에 알리바바 역시 91닷컴 인수에 관심이 많았고 실제로 인수를 위한 노력을 펼쳤다. 알리바바는 바이두와의 비딩[bidding]에서 밀려 91닷컴의 인수에 실패하고 말았고, 이후 모바일 브라우저 기반의 마켓인 UC를 인수하는 것으로 아쉬움을 달랬다. 치후360이 무료로 뿌린 보안 솔루션의 힘으로 유저들을 유입했다면, 91마켓은 자체적인 개발 제품과 관리로 스스로 자생해간 진정한 의미의 로컬 마켓에 해당된다. 재미있는 한 가지 사실은 지금도 난립 중인 3자 마켓이 유독 복건성 복주 지역에 많다는 것이다. 복주는 특별할 게 없는 중국의 평범한 중소도시인데, 유독 모바일 3자 마켓이 많이 생기고 있는 이유는 무엇일까? 아마도 그 지역을 대표하는 기업으로서 91닷컴이 큰 성장과 더불어 성공적인 매각까지 한 터라 후발 스타트업에게 큰 자극이 되었고, 이에 따라 그 지역에서 비슷한 사업 모델을 바탕으로 창업 열풍이 분 것으로 추측한다.

자타가 공인하는 글로벌 넘버원 게임회사 텐센트가 QQ 메신저와 게임 서비스에 이어 주목한 타겟은 모바일이었다. 창작보다는 모방을 통한 제품화에 특화된 그들은 카카오톡을 벤치마킹한 위챗을 내놓았고, 단숨에 회원 수 6억 명 이상을 확보하며 중국 모바일 최고의 플랫폼으로 자리잡았다. 현재 위챗은 글로벌 시장에서도 왓츠앱, 라인 등과 치열하게 경쟁하고 있다. 카카오의 주요 주주인 텐센트는 카카오톡 게임센터의 성공을 유심히 벤치마킹한 후 위챗과 QQ를 모바일 게임에 연동한 서비스를 내놓았다. 이 부분은 중국의 그 어느 플레이어도 따라올 수 없는 독보적인 영역이기도 하며, 한국에서 카카오톡 게임이 차지한 것보다 더 월등한 위상으로 받아들여진다. 또한 당연한 수순이지만 자체 모바일 앱 마켓을 만들었다. 정확하게는 휴대폰 관리 기능과 앱 마켓 기능이 합쳐진 것이고 그게 바로 잉용바오 마켓이다.

사실 중국 IT 기업 간에는 서로 경쟁되는 사업 모델이 많다 보니(사실은 남이 잘하고 있는 분야에 뒤늦게라도 뛰어들어서 경쟁 구도를 만들기도 함) 기업 간의 다툼이 잦은 편인데, 유독 텐센트와 360은 악연이라고 할 정도로 사이가 좋지 않다. 2010년 시작된 양 사간의 소송은 수년 동안 이어졌는데 발단은 360이 텐센트의 QQ가 사용자의 컴퓨터를 무단으로 검색한다고 발표하고 이에 텐센트가 반발하면서 시작되었다. 처음에는 비교적 점잖게 시작한 싸움이 나중에는 상호간의 주력 제품에 대한 노골적인 비방전으로 발전했고 결국은 두 회사 간의 단순 공지와 보도자료를 통한 싸움을 넘어 법정에까지 가게 된 사건이다. 이 감정적인 싸움은 텐센트가 바이두, 진샨, 소우고우 등과 360 퇴출을 위한 연합 성명을 만들어 발표하기도 하고, 그에 대한 대응으로 360은 텐센트 사용자에게 QQ나 360 가운데 하나를 사용하게 하는 초강수를 두는 등 대단히 '막나가며' 중국 인터넷 업계를 수년간 달구고 있다. 이에 비하면 애플과 삼성전자가 각종 특허를 놓고 벌인 법정 공방은 꽤나 점잖은 싸움에 속한다.

잉용바오 마켓은 그 연장선상에 있다. 컴퓨터와 인터넷용 보안 백신으로 성장한 360이 차세대 사업으로 가장 중요하게 여기는 모바일 보안과 휴대폰 관리에 기반해서 360 모바일 마켓을 서비스하는 것인데, 잉용바오도 똑같은 사업 모델이기 때문이다. 잉용바오 역시 360처럼 휴대폰의 관리(주로 보안 쪽이 가장 이슈임)와 더불어 모바일 앱을 서비스하고 있다. 여기에 텐센트가 직접 서비스하는 게임들의 경우 위챗과 QQ라는 중국에서 가장 강력한 소셜 플랫폼까지 붙여서 제공하니 여타 경쟁사 중에서 특히 360은 심각한 위기의식을 느낄 만한 상황인 것이다. 단순히 모바일 앱 마켓의 점유율 문제가 아니라 자신들의 주력 상품인 보안 백신 관련 분야에서도 밀릴 수 있는 것이고, 이는 회사 자체의 존폐 위기로 거론될 만큼 심각한 도전으로 받아들이고 있다.

전문가들의 예상과 달리, 텐센트가 단숨에 모바일 마켓까지 압도적으로 점유할 것이라는 예측은 아직까지 이뤄지지 않고 있다. 그 이유는 텐센트의 정책적 폐쇄성에 있다. 텐센트는 자사가 퍼블리싱하는 게임은 다른 마켓에 서비스하지 않고 있다. 안드로이드 플랫폼 점유율이 26%인 마켓과 애플 앱 스토어에만 올리는 것이니 사실상 반쪽도 안 되는 시장에서만 승부를 펼쳐야 하는 불리한 조건에 놓여 있다. 물론 자신들 스스로가 그렇게 만든 조건이다. 또한 잉용바오에는 현재 중국 결제시장에서 높은 점유율을 확보한 알리페이를 도입하지 않고 있다. 알리페이의 개발사이자 운영사인 전자상거래 기업 알리바바와도 각종 IT 분야에서 치열한 각축전을 벌이고 있기 때문이다. 텐센트는 알리페이를 잡기 위한 텐페이를 만들었고 그것을 성장시켜야 하는 입장이라 가장 범용적인 결제 수단인 알리페이를 막아놓은 것이다. 여기에 소액 결제에서 가장 높은 비중을 차지하는 이동통신사 결제마저 막혀 있다. 역시 자체 결제의 비중을 늘리기 위함이다. 반면 360마켓은 알리페이는 물론 이동통신사 결제도 모두 사용 가능하다. 이처럼 결제만큼은 360마켓이 빅3 마켓 중에서 가장 개방적인 정책을 취하고 있는데, 치후360이 PC와 모바일의 보안 및 백신 분야를 주력으로 삼아 검색과 브라우저 쪽을 슬금슬금 노리는 데 반해 핀테크 쪽으로는 아직 직접적으로 진출하지 않고 있기 때문이다. 반면에 텐센트는 알리바바와 이 분야에서 직접적인 경쟁 전선을 이미 형성했기에 어쩔 수 없이 자신들의 제품을 내세워 경쟁해야 한다. 이 차이는 360마켓이 여전히 중국 내 앱 마켓 1위를 유지하고 있는 가장 중요한 외부적인 요인 가운데 하나다. 환경적인 요인이 내부적이고 직접적인 역량보다 시장에서의 순위를 유지하는 데 더 큰 영향을 끼치는 기이한 상황인 셈이다.

2014년 말을 기준으로 중국 안드로이드 마켓의 점유율 순위
는 다음과 같다.

순위	앱 스토어	중문명	점유율	비고
1	360 Mobile Assistant	360手机助手	29%	
2	My App	应用宝	24%	−1
3	Baidu Mobile Assistant	百度多酷	19%	−1
4	Google Play	谷歌	12%	
5	Wandoujia	豌豆荚	11%	
6	MIUI app store (Xiomi)	小米应用商店	11%	−2
7	Android Market	安卓市场	8%	−1
8	91 Mobile Assistant	391手机助手	8%	−1
9	Anzhi Market	安智市场	6%	
10	CMCC Mobile Application Market		4%	

▲ 2014년 중국 10대 안드로이드 마켓

빅3에 해당하는 360마켓, 잉용바오 마켓, 바이두 마켓(91포함)
까지만 대응해도 산술적으로 안드로이드 시장의 80%를 커버할
수 있다. 불과 3~4년 전만 해도 수백여 개의 마켓 대응을 고민해
애 했던 것을 떠올리면, 중국 모바일 게임시장의 변화는 상전벽해
桑田碧海라는 말이 무색할 정도로 빠르게 변화하고 있다. 그 변화에
제대로 대응하는 길이 생존을 모색할 뿐 아니라 성공할 수 있는
유일한 방향이다.

전통의 이동통신사 마켓

중국 최대의 이동통신사는 차이나모바일$^{China\ Mobile}$이고 그 통신사에서 운영하는 앱 스토어를 MM$^{Mobile\ Maket}$이라고 한다. 이 차이나모바일 마켓(CMCC 마켓)은 중국에서 가장 오래된 전통의 앱 스토어다. 하지만 중국 최대의 이동통신사 마켓임에도 지금까지 쌓아온 마켓으로서의 명성과 가치는 3자 마켓에 밀렸던 것이 사실이다. 아무래도 통신사이다 보니 본질적 사업 영역인 통신 가입자 확보를 위한 서비스에 주력했기 때문이다. 올라오는 앱의 개수도 경쟁사인 3자 마켓에 비해 적고 통신사 차원에서 별다른 마케팅 지원이나 개발사를 위한 정책이 없다 보니 단지 명목상의 마켓에 불과한 것 아니냐는 비아냥거리는 평가마저 듣고 있다.

그런데 예상치 않게 차이나모바일의 결제 편의성이 소액 유저에게 많이 알려지며, 차이나모바일을 통한 결제가 확산되기 시작했다. 원래 해당 CMCC 마켓에 입주하는 개발사에게만 제공되는 결제 SDK가 입주 여부와 상관없이 외부의 3자 마켓이나 퍼블리셔들에게 제공되기 시작한 것이 그 계기였다. 무엇보다 차이나모바일 입장에서도 30%의 결제수수료는 제법 괜찮은 수익이 되다 보니 자사의 결제 서비스 이용을 적극 권장하기 시작했다. 또한 전용 마켓 말고도 결제 서비스가 제공된 이후 소액 결제가 대중적으로 활용되기 시작하자 CMCC 마켓도 조금씩 마켓으로서의 기능을 넓혀가기 시작하는 역 유입 효과가 발생했다. 여기에 글로벌 시장에서 애플과 구글이 앱 마켓 점유율을 위한 치열한 쟁탈전을 벌이면서, 사용자 면에서는 밀릴 것이 없는 그들에게도 큰 자극을 줬다. 구글이 없는 중국 시장에서 그들이 얻을 수 있는 파이가 매우 크다는 사실을 깨닫기 시작했고, 마켓의 점유율이 단순하게는 매출 증진으로 이어질 뿐 아니라 장기적으로는 통신 가입자의 확보와 유지라는 전략적 측면에도 기여한다는 점을 고려하게 되었다.

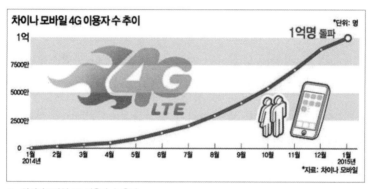

▲ 차이나모바일 4G 이용자 수 추이

2014년 CMCC 마켓은 중국 안드로이드 마켓 점유율 10위 안에 들었다. 순위가 10위인데 비해 점유율은 4% 수준으로 그다지 높지 않다. 하지만 CMCC 마켓은 8억 1,000만 명이라는 차이나모바일의 거대한 가입자 수가 언제든 최고의 빅마켓으로 올라설 수 있는 잠재력으로 작용한다. 이 중에서 TD-LTE라는 4G 서비스의 사용자가 1억 2,000만 명이고 2015년까지 2억 5,000만 명으로 확대할 계획이다. 3G 서비스가 차이나모바일에 없던 시절에는 아이폰과 3G 서비스로 무장한 차이나유니콤의 공세에 맞서 수성하기조차 힘겨웠지만, 이제 차이나모바일이 비로소 본격적인 공세를 펼칠 기회가 온 것이다. 다시 말하지만, CMCC 마켓은 중국에서 가장 오래된 앱 마켓이라는 상징적인 장점 외에도, 이동통신사 사용자가 월등히 많고 그 사용자를 잠재적인 CMCC 마켓의 고객으로 끌어올 수 있다는 매력적인 장점을 가진다. 아울러 이동통신사의 소액 결제 중에서도 가장 높은 점유율을 가지고 있는 현실적인 장점 또한 중국에 진출할 때 반드시 고려해야 할 핵심 요소에 꼽힌다.

중국 제2의 이동통신사인 차이나유니콤은 3G 서비스를 하던 시절에 급성장했다. 3G 서비스 도입 당시 압도적인 1위 기업이었던 차이나모바일은 특정 사업자가 통신산업을 독점하는 것이 부당하다는 정부의 판단에 따라 3G 서비스를 허가받지 못했고, 굳이 따지자면 2.5G라고 할 수 있는 엣지 서비스만 제공했다. 하지만 이 서비스로는 모바일에서 게임 플레이가 불가능했고 간신히 위챗이나 QQ를 하는 정도가 한계였다. 반대로 당시에도 2위 기업이었던 차이나유니콤은 중국 최초로 애플 아이폰을 정식으로 내놓았으며 유일한 3G 서비스를 제공하는 특혜(?)를 누리고 있었다. 차이나유니콤 입장에서는 1위와의 격차를 크게 줄일 수 있는 최적의 기회였고 공격적인 광고와 프로모션 그리고 상품이 등장했다.

이동통신으로 넘어가기 전인 일반전화 시대의 절대강자는 차이나텔레콤이었다. 이 회사는 국영기업으로서 일반전화의 보급을 맡고 있었고, 아울러 인터넷 보급에 있어서도 가장 높은 점유율을 차지하고 있었다. 그래서인지 모바일 쪽에서는 특별히 두각을 나타내지 못했다. 하지만 최근 FD-LTE 인가를 받은 이후 공격적인 행보를 예고했다. 특히 1억 3,000만 명의 가입자가 있는 자체 앱 마켓에 한국 모바일 게임 전용관을 만들겠다고 발표한 점이 흥미롭다. 한류 열풍에 따라 전용 한국관에 중소 개발사가 자유롭게 진출할 수 있는 발판을 마련하겠다는 취지였다.

틈새를 노려라

알려진 대로 중국에는 수많은 마켓, 수많은 결제 서비스, 그리고 세계 최대의 인구가 있다. 긍정적으로 생각하면 세계 최대의 시장이자 기회의 땅인 것이고, 반대로 그만큼 대응하고 준비해야 할 내용이 많다는 의미가 된다. 그렇다고 해서 모든 종류의 마켓을 다 대응하겠다는 마인드는 곤란하다. 중국에서 꽤 큰 규모의 운영사들도 시장에 대해 그렇게 접근하지는 않는다. 자신들이 제작하는 게임 장르를 고려해서 타깃 유저가 누구인지에 대해 구분하는 것이 가장 먼저 해야 할 일이다.

〈도탑전기〉, 〈마스터탱커〉, 〈전민기적〉과 같은 대작 RPG들은 네트워크 기반이다. 이 네트워크 기반의 게임들은 대체로 1성급 대도시의 유저들이 즐긴다. 와이파이 환경은 물론, 경우에 따라서는 모바일 데이터를 사용하면서까지 게임을 즐긴다. 4G 서비스가 본격적으로 시작된 현 시점에서는 이동통신 3사가 공격적인 투자를 통해 인프라를 넓혀가고 있기에, 한국이 그러하듯 중국도 시간이 지날수록 네트워크 기반의 게임이 대세가 될 것이다.

이런 대규모 네트워크 게임들의 경우는 주로 3자 마켓을 통한 서비스가 초반 유저 확보에 도움이 된다. 휴대폰에서 직접 받을 수도 있고 PC를 통해 받을 수도 있기 때문이다. 언뜻 한국 유저의 입장에서 보면 이해하기 어려운 일이기도 하다. 모바일 게임을 PC를 통해 다운로드하다니…. 구글이나 한국의 엔스토어, 티스토어의 경우 내 계정에 등록된 디바이스로만 다운로드할 수 있게 되어 있다. 그 이유는 콘텐츠 보호라는 측면이 강하다. 하지만 중국은 그런 것과 무관하게 PC에서 안드로이드 앱을 웹이나 혹은 3자 마켓의 클라이언트 프로그램을 통해 자유롭게 받을 수 있도록 되어 있다. 특히 360의 경우는 보안 솔루션이 대부분의 PC에 보급되어 있기 때문에 자연스럽게 PC를 이용하면서 모바일 앱을 보는 것도 가능하고 이를 통해 다운로드를 유도 가능한 장점이 있다.

문제가 없는 것은 아니다. PC에 안드로이드 앱을 받아놓기만 하고, 모바일로 옮겨서 실행하지 않는 경우도 많기 때문이다. 이 문제는 다운로드 수 대비 실제 유입된 유저의 수가 적은 마켓 다운로드 관련 허수 논쟁을 일으키기도 한다. 또한 중국에서 안드로이드 게임의 유저를 모객하는 마케팅 활동을 더욱 어렵게 한다. 다운로드 카운팅은 되었는데 실행되지 않는 케이스이다 보니 통계에도 문제가 발생한다. 하지만 통신 환경의 발달은 점점 모바일 게임의 다운로드 방식을 PC가 아닌 모바일에서 직접 하는 것으로 넘어가게 만든다. 이 문제 역시 점차적으로 해결될 문제다.

각 대형 마켓들의 영업 전략은 우수한 콘텐츠를 자신들의 마켓에 독점적으로 서비스하는 데 초점을 맞춘다. 그렇게 독점 서비스 형태로 제공될 경우 추천 피처와 각종 노출 배너, 팝업 창, 푸시 메시지까지 다양한 혜택을 준다고 개발사(혹은 운영사)를 유혹한다. 물론 받는 것이 있으면 주는 것도 있는 터라 일정한 수수료율과 더불어 해당 마켓에 대한 최소 1개월 이상의 독점적인 서비스를 요구받게 될 것이다.

내 경험에 의하면, 독점 서비스는 하지 않는 게 좋다. 결론적으로 손해다. 독점 서비스를 하게 되면 타 메이저 마켓에서의 지원은 그 순간 이후로 불가능해진다. 독점 계약을 하더라도 상황에 따라서 마켓에서의 지원이 초반에만 이뤄지고 중반 이후의 지원은 기대하기 어려운 경우도 많다. 이처럼 '잡은 물고기'에게 먹이를 주지 않는 것은 중국뿐만 아니라 전 세계 어느 나라에서나 흔히 볼 수 있는 모습일 것이다. 약속했던 초반 마케팅 지원은 게임 관련 지표가 기대했던 수치만큼 나오지 않는다면 어느 순간 슬그머니 바뀌게 된다. 항의는 가능하나 시정은 어려울 것이라는 게 내 경험이자 견해다.

중국의 대작 RPG 운영 회사는 대부분 독점 서비스 대신 각 마켓에 동시 서비스를 택한다. 물론 모든 마켓을 대응할 수 없으니 빅3 마켓을 기본으로 협상한다. 협상 과정에서 게임의 장점과 사전 CBT 등을 통한 지표의 KPI^Key Performance Indicator로 우수성을 어필하면서 최대한 마케팅 지원을 얻어낸다. 저쪽에서는 독점 계약 의사를 슬쩍 내비치겠지만 '걸리면 좋고 아님 말고' 수준의 그냥 한 번 찔러보는 것이고, 이쪽에서는 일단 고려해보겠지만 어렵다는 식으로 대응하면 전혀 문제없을 것이다. 일종의 짜고치는 고스톱과 비슷하다. 여기서 중요한 것은 빅3 마켓은 초반 런칭에 반드시 들어가야 하고 나머지 선택은 전략적으로 해야 한다는 점이다. 빅3 마켓 중에 하나의 마켓이 빠지고 다른 전략적인 마켓이 들어 간다면 이후 관계는 복잡미묘하게 틀어진다. 모두 맞추기에는 개 발 리소스가 들어간다고 해서, 혹은 검수 과정에서 문제가 생긴다 고 해서 단 며칠 차이라도 마켓별로 서비스 순서에 차등을 둬서 도 안 된다. 그건 비즈니스를 망가뜨리는 일이다. 만약 특정 마켓 검수에서 문제가 생긴다면 차라리 나머지 마켓들도 함께 오픈 일 정을 연기하는 쪽이 올바른 선택이다. 〈전민기적〉의 예를 들면 최 초 버전은 360마켓, 바이두, 잉용바오, 샤오미, XY(운영사인 킹넷의 자체 탈옥 마켓임) 그리고 공식 애플 앱 스토어에 런칭했다. 빅3 마 켓은 필수였고 나머지 마켓은 전략적 선택인 것이다.

본격적인 4G LTE 서비스 경쟁이 심화되는 중이라 하더라도 대도시에서 조금만 벗어나면 이것은 먼 나라 이야기가 된다. 중국 은 워낙 땅덩어리가 넓은 국가이다 보니 통신 서비스만 하더라도 내 지역을 벗어나면 요금이 몇 갑절 뛰게 된다. 가령 내가 상해에 서 차이나모바일 서비스에 가입했다면 상해 지역 내에서의 통화 요금과 상해 지역 밖에서의 통화요금 간에 큰 차이가 난다는 의 미다. 물론 전국적으로 요금이 동일한 서비스도 있지만 이 경우 기본요금과 분당 통화요금의 기준이 확 올라간다. 사실 특별한 비 즈니스를 하는 경우를 제외하고 자기가 사는 고향이나 직장 지 역을 벗어나는 경우조차 광활한 중국 땅에서는 드문 일이다. 무 선 데이터 요금 역시 비슷한 상황인데, 사실은 무선 데이터의 경 우 대도시를 벗어나면 체감상 서비스가 아예 안 되는 곳이 더 많다. 전화 통화는 그나마 이제 시골 지역에서까지 잘되는 것 같은데 그것도 전국망 서비스를 좀 더 확실하게 갖춘 차이나모바일만 그러하고 2, 3위 업체들의 통신망은 지금도 통화감도가 좋지 않은 편이다. 현재 중국의 이동통신 3사는 기간망 확충에 천문학적인 예산을 투입하고 있다(이 덕분에 현재 무시무시한 속도로 기간 시설이 확충되고 있는 게 사실이다.).

사정이 이렇다 보니 3, 4급 도시나 시골 지역의 경우 3G와 4G 같은 무선 데이터 서비스가 없고 와이파이도 없는 환경이 아직까지 많다. 그럼에도 불구하고 스마트폰의 대중화는 그런 지역에까지 대리점이 들어서고 서비스를 공급하도록 만들었다. 다만 게임이나 앱을 제대로 다운로드하고 즐길 수 있는 환경이 갖춰지지 않았을 뿐이다. 그럼 이렇게 와이파이도 지원되지 않고 3G 서비스도 거의 안 되는 지역에서는 모바일 게임을 즐기기란 불가능한 것일까? 그렇지 않다. 이런 열악한 환경에서도 게임은 한다. 아니, 어쩌면 몰입도라는 측면에서는 좀 더 강력한 유저층이 바로 이런 네트워크 환경이 없는 지역에서의 유저라고도 할 수 있다.

이 지역에서는 주로 네트워크 이용 여부와 상관없이 즐길 수 있는 싱글 게임(스탠드 얼론 게임이라고도 함)을 선호한다. 환경상 그런 게임밖에는 할 수 없다. 그리고 이런 싱글 게임들은 용량이 절대적으로 작아야 한다. 이런 게임의 유통 과정은 다소 복잡하고 특이하기까지 하다. 이동통신사 지역 대리점들이 직접 공급하거나 혹은 전문적으로 개인들에게 저용량 싱글 게임을 오프라인으로 공급해주는 도소매 업체들을 통해 유통되기도 한다. 비유하자면, 과거 PC 게임 시절 용산전자상가에서 게임을 파는 것과 유사하다. 용산에서는 정품 패키지를 팔기도 했고 음침한 뒷골목에서 불법 CD를 팔기도 했다. 혹은 조립 PC를 사면 게임을 잔뜩 넣어주는 경우도 있었다. 지금 중국의 지방 소도시에서 이뤄지는 모바일 게임 유통이 이런 식이다. 동네 대리점에서 휴대폰을 하나 구매하면 게임을 잔뜩 넣어주기도 하고 혹은 5위안만 내면 여러 게임을 USB를 통해 넣어주는 식이다. 어찌 보면 클래식한 형태의 판매 방식이기도 해서 예전 용산전자상가에 대한 추억마저 떠오르게 한다.

이렇게 내 휴대폰에 수동으로 설치된 싱글 모바일 게임을 유저는 즐긴다. 소득수준이 대도시에 비해 매우 낮은 지역은 사실 특별한 여가 문화도 없다. 극장도 없고 커피숍도 없다. 그저 저녁에 식당에 모여 밥을 먹거나 공원에 가서 산책하는 정도인데, 여기에 휴대폰이 처음 공급되던 피처폰 시절부터 그 작은 액정 화면으로 책을 읽거나 게임을 즐기는 여가 문화가 생긴 것이다. 내가 선택한 게임이라기보다는 휴대폰 판매상이 넣어준 게임 가운데 몇 가지를 우연히 해보다가, 조금 재밌다 싶으면 끈기 있게 그리고 시간이 날 때마다 하는 것이다. 어찌보면 대도시에 사는 현대인들이 틈나는 대로 최신형 스마트폰을 가지고 페이스북, 카카오톡을 하면서 교류도 하고 네트워크 게임도 하는 문화와 본질적으로는 유사한데, 단지 환경적으로 저소득층인 까닭에 저가의 휴대폰을 이용하고 네트워크가 지원되지 않다 보니 싱글 게임을 즐길 뿐이라는 것이 차이점이다.

추콩이라는 회사가 이런 틈새시장에서 기막히게 성장했다. 지금의 추콩을 만든 히트작 〈피싱 조이〉는 게임 자체의 완성도만으로는 도저히 성공의 이유를 짐작할 수 없을 정도로 최초 버전이 조악했다. 단지 화면 속의 물고기를 잡는 게 전부인 게임이니, 한국 게임업계의 어떤 관계자가 봐도 뜨악할 수준의 완성도에 불과했다. 그런데 〈피싱 조이〉는 누적 기준으로 4억 명이 넘게 다운로드하고 한창 때는 월 매출 60억 원 이상이 나오는 대성공을 거뒀다. 도대체 어떤 과정을 통해서일까?

두 가지의 성공 요인이 있었다. 하나는 이동통신 3사의 소액결제 서비스를 모두 도입했다는 점이고, 다른 하나는 3, 4급 지방도시의 유통 루트를 잘 확보했다는 점이다. 최초 〈피싱 조이〉 버전은 결제 서비스도 없고 BM도 없었다. 추측컨대 어떻게 돈을 벌어야 할지에 대한 고민 없이 그냥 만들어진 게임일 공산이 크다. 그런데 그 게임이 유통 루트의 확보라는 노력에 '물고기를 좋아하는 중국인들의 성향에 맞아떨어진 게임'이라는 운이 더해지면서 엄청난 다운로드 수를 만들어냈다. 그때까지의 주요한 BM은 광고였다. 누적 1억 명 이상의 다운로드가 나왔으니 광고 수익도 만만치 않게 나오는 것이다. 추콩의 천하오즈 대표에 따르면, 피크 때는 월 10억 원까지 나왔다고도 했으니 괜찮은 캐시카우가 확보된 것이다.

이후 추콩은 두 가지를 더 보강함으로써 지금처럼 중국 전역을 호령하는 퍼블리셔로 성장했다. 첫 번째는 F2P^{Free to Play}의 BM을 살짝 넣으면서 이동통신사 결제를 추가한 것이고, 두 번째는 아예 중국 각 성(지방)별로 유통 루트 확보를 위한 조직을 보강한 것이다. 네트워크 연동 없이 휴대폰 번호만 간단히 확인하면 소액 결제가 가능한 이동통신사 결제는 광고 수익으로 먹고 살던 추콩을 단숨에 실력 있는 개발사이자 퍼블리셔로 만들어줬다. 단순한 싱글 게임이라 하더라도 내 점수의 한계를 뛰어넘고 싶은 욕구는 들기 마련이다. 월 소득 1,000~2,000위안의 가난한 농민공農民工도 1위안을 써서 마음의 평화를 얻는다면 기꺼이 결제할 수 있다. 한국에서는 상상도 못할 일이지만 중국의 지방 이동통신사 대리점은 본사와 무관하게 특정 디바이스를 수백만 대씩 주문도 가능하고 경우에 따라서는 합작이라는 판단하에 임베디드시킬 수도 있다. 소도시에서 USB에 게임을 넣어주는 소매상을 방문했던 영업 활동은 오직 추콩만이 했던 신선한 방식이었다. 그 결과, 누적 다운로드 횟수가 4억이 넘고 월 매출도 60억 원씩 나오는 성공 게임이자 스마트폰 시대의 첫 번째 히트 게임으로 〈피싱 조이〉가 이름을 올렸다. 이후 추콩은 한국의 〈헬로히어로〉, 〈영웅의 군단〉 같은 대작들과도 계약을 맺고 서비스하는 등 중국을 대표하는 대형 퍼블리셔로 성장했다.

모든 개발사가 미들코어 RPG만을 만들지는 않는다. 아울러 시장에서 요구하는 게임의 장르와 종류는 환경에 따라 다양하게 준비할 수 있다. 이른바 틈새시장을 노리는 전략이다. 실제로 〈피싱 조이〉 이후에도 이러한 싱글 게임들의 도전은 계속되었고, 이른바 '중박'이라 할 수 있는 월 2~20억 원 수준의 매출을 올리는 성공 사례가 꾸준히 나오고 있다. 만약 여러분의 회사에 개발한

지 오래되어 철 지난 싱글 게임이 있거나 대작이 아닌 캐주얼 싱글형으로 준비하는 게임이 있다면 최신 트렌드에 맞지 않거나 대작이 아니라고 포기하지 말고 중국의 틈새시장을 노리는 전략을 세울 것을 권유한다. 한국에서 아무도 타지 않을 것 같은 중고차도 요르단으로 수출되고 한국에서는 버린 것이나 다름없는 구형 스마트폰도 해외로 수출된다. 쓰임새라는 것은 어디에 어떻게 적용되느냐에 따라 유용함이 덧씌워질 수 있고, 때로는 실리적인 이익으로 돌아오는 법이다.

4장

중국 모바일 게임의
BM 파헤치기

BM 개요

일반적으로 BM^{Business Model}이란 어떤 사업에 있어서 수익 모델을 의미한다. 모바일 게임에서의 BM도 동일한 의미로 사용된다. 즉 모바일 게임에서 BM이라는 용어는 '이 모바일 게임은 어떻게 돈을 벌 것인가?'라는 의미로 이해할 수 있다.

모바일 게임의 BM은 통상적으로 다음과 같이 세 가지 형태로 분류한다.

유료 모델

과거 피처폰 시대나 스마트폰 시대의 초창기에 가장 확실한 BM은 유료로 판매하는 것이다. 이는 두말할 나위 없는 가장 심플하면서도 확실한 방식이다. 콘텐츠를 개발하고 스토어에 올려서 자유롭게 유저들이 구매하는 방식이다. 심지어 얼마에 팔지도 판매자가 결정한다. 가장 싼 금액인 0.99달러에서 시작해 비싼 것은 999달러짜리도 있었지만, 대체로 2.99달러에서 최초 금액이 형성되는 경우가 많았다. 이 금액이 합리적인지는 알 수 없지만 앱 스토어 초창기에 그렇게 잡힌 질서는 오랫동안 유지되었다.

이러한 판매 방식에서 가장 큰 성공을 거둔 게임은 로비오의 〈앵그리버드〉였다. 핀란드의 소규모 개발사였던 로비오는 이 하나의 게임으로 일약 세계적인 기업이 되었고 자유로운 앱 스토어 시장에서 첫 번째로 빛나는 스타가 되었다. 〈앵그리버드〉는 단지 게임으로뿐만 아니라 캐릭터 자체가 크게 성공한 경우인데, 단순한 모바일 게임으로 시작해서 지금은 각종 프렌차이즈 IP로 발전했다. 이를테면 일본의 〈헬로키티〉나 〈슈퍼마리오〉 급으로 말이다.

▲ 유료 게임 시대의 빅히트 게임인 〈앵그리버드〉

최초 2.99달러로 출시해 특별한 날(크리스마스, 추수감사절 등)에는 할인 이벤트를 한다. 할인 가격은 대체로 0.99달러로 정해진다. 그 할인 방식은 유저들의 큰 지지를 받았다. 애플이나 구글의 기프트콘 상품이 해당 이벤트 일자에 맞춰 불티나게 팔렸고 전반적인 앱 스토어의 성장을 이끌었다.

　이러한 시장의 성장은 앱 개발사와 앱 개발자들의 폭발적인 증가를 가져오게 되었고 소비자들의 요구는 좀 더 다양해지기 시작했다. 그중에서 핵심이 되는 것은 역시 가격이다. 0.99달러는 아주 저렴한 금액이지만 공짜만은 못한 것이다. '공짜라면 양잿물로 마신다.'는 속담은 비단 한국만 아니라 전 세계인의 동일한 속성인지라 유료보다는 무료 게임에 대한 수요가 더 높아지는 것은 당연한 발전의 수순인 셈이다.

무료 모델

무료 모델은 유저들의 수요에 의해 나오게 되었지만, 원래 판매자들의 전략에서 고스란히 무료로 제공하는 것이 목적은 아니었다. 앱 스토어의 시장 규모가 거대해지고 수익을 거두는 회사들이 많아지자 공급되는 게임들도 점점 많아지게 되었고, 이용자들은 매일매일 신규로 나오는 게임의 공급 속도를 감당하기 힘들 정도가 되었다. 자신이 구매하는 게임이 2.99달러의 비교적 저렴한 가격이라 할지라도 어떤 것은 충분한 만족감을 느끼고 어떤 것은 실망하기도 한다. 그런데 새로 나오는 게임들의 개수가 워낙에 많다 보니 유저들은 선택에 어려움을 느끼게 되었다. 그래서 나온 방식이 무료 버전Free Version 혹은 라이트 버전Lite Version의 출시 방식이었다.

　이 버전은 유료 버전과 동일한데 단지 기능상의 제한을 둘 뿐이다. 가령 전체 스테이지가 100개라면 10개까지만 제공하는 식이다. 짧은 영화 예고편이 관객들에게 강렬한 인상을 심고 나서 다시 본편을 상영할 때 극장으로 관객을 불러모으듯 무료 버전은 유저가 유료 버전을 구매하도록 유도하는 목적성이 강했다. 유저 입장에서는 이 라이트 버전을 통해 실제 구매할 가치가 있는지 필터링할 수 있으니 판매자와 사용자 양쪽의 이해관계가 맞아떨어지는 모델이 된다.

▲ 무료 게임 사례 〈후루츠 닌자〉

무료 게임 자체가 수익 모델이 되는 경우도 있다. 사용자만 많으면 충분히 광고 채널이 되기 때문이다. 모바일 시대로 넘어가면서 광고주와 광고 대행사들은 일반적인 웹 광고의 효과가 떨어진다고 판단했고, 이는 모바일 마케팅 회사의 급격한 성장으로 이어졌다. 모바일 마케팅 회사는 두 가지 형태로 발전했는데, 일반 광고주들의 광고를 모바일 앱에 노출해주는 형식과 모바일 앱 자체를 애플이나 구글의 상위 랭커로 올리기 위한 방법을 제공하는 회사로 구분된다. 최근에는 두 가지를 하나의 회사에서 제공하는 경우도 많아졌다. 모바일 게임회사가 광고주이자 광고 미디어의 역할을 동시에 하게 된 것이다. 단가의 경우 각 국가별로 조금씩 차이가 있는 편이다. 미국이나 일본의 경우 비싸고 중국은 다소 저렴하며 한국은 그 중간 정도의 수준이다.

F2P

무료 실행 게임이라 불리는 F2P$^{Free\ to\ Play}$ 모델은 원래 한국의 캐주얼 게임이 그 원조격에 해당한다. 패키지 게임 시대에서 온라인 게임 시대로 처음 넘어갔을 때 주로 월 정액제로 과금했고 이 모델은 크게 성공했다. 엄밀히 말하면 이 또한 수요와 공급의 법칙에서 공급이 부족했기 때문이다. 온라인에서 여러 사람이 모여 게임을 즐길 수 있다는 것 자체로도 크나큰 혁신이자 유저들에게는 즐거움을 주었기 때문인데 그런 게임은 쉽게 만들 수 있는 것이 아니었다. 하지만 초기 MMORPG들의 성공은 많은 공급자들

▲ 현재 최고의 F2P 게임인 〈클래시 오브 클랜〉

을 탄생시켰다. 새롭게 등장하는 게임은 단지 RPG뿐만 아니라 다양한 캐주얼 장르로 유저를 유혹했다. 유저들이 원하는 게임을 선택해서 플레이하는 시기가 왔다.

이런 와중에 월 정액제만 고집해서는 게임 경쟁력과 BM 방식면에서 승산이 없다고 판단하는 회사들이 나왔다. 주로 RPG가 아닌 캐주얼 장르를 개발하는 곳에서 택한 전략이었고 이렇게 등장한 BM이 F2P 모델의 원조다. F2P 모델은 과거 한국에서는 부분유료화라 불리웠다. 게임 자체는 공짜이지만 게임 내 아이템을 선택적으로 유료로 구매할 수 있도록 제공하는 방식이다. 원래는 게임 플레이를 좀 더 수월하게 만드는 용도로 기획되었지만 온라인게임의 특성상 타인과의 경쟁에서 이기기 위해 돈을 쓰는 경우가많아졌다. 월 정액제의 RPG가 절대적인 시간 투자가 있어야 게임에서 '고렙'이 되는 것과 달리, F2P는 시간과 돈의 적절한 조화를이루거나 극단적으로 돈만 가지고도 게임의 상위 랭커에 오르는경우가 생겨났다. 이로 인해 시간은 부족하지만 돈은 부족하지 않은 직장인들을 새로운 고객으로 받아들일 수 있었다. 모바일 게임시대로 넘어와서도 BM이 유료 모델, 무료 모델의 과정을 거쳐 이러한 F2P 모델의 형태로 넘어간 것은 어찌보면 필연적인 발전 현상이다.

유저의 소유욕을 만족시켜줄 것

전 세계에서 상업적인commercial 두뇌가 가장 발달한 두 민족으로 흔히 유태인과 중국인이 꼽힌다. 이것이 정말 사실인지는 알 수 없지만, 내가 중국에서 오랜 시간 살아본 경험에 따르면 중국인에게는 한국인인 내가 쉽게 따라가기 힘든 계산력과 소유욕이 있는 것만큼은 사실인 듯싶다. 이러한 계산력과 소유욕이 중국인들의 타고난, 이를테면 민족성에 좀 더 가깝다면 중국 현대사에서 오랜 시간 동안 사회주의 체제를 유지하며 어쩔 수 없이 숨겨졌던 선천적인 DNA가 덩샤오핑의 시장 개방 정책과 더불어 다시 상재商才로 발휘되면서 자본주의의 본 고장인 유럽과 북미를 능가하는 경제적, 상업적 발전을 이루는 토대가 되었다. 시장이 개방된 거의 모든 산업 분야에서 그렇다. 모바일 게임의 수익을 내는 구조인 BM 설계에서도 그 원조격인 미국, 일본을 능가했을 뿐 아니라 F2P의 선두주자격인 한국의 BM과는 다른 형태로 발전하고 자리 잡았다.

중국 모바일 게임의 BM을 한마디로 논하자면 '좀 더 노골적이고, 직접적인 BM 설계'라고 정의할 수 있다. 그리고 그 첫 번째

항목은 유저의 소유욕을 만족시켜주는 것에서 출발한다.

다음 사례를 보자. 한국에서 가장 성공한 음악 게임인 〈탭소닉Tap sonic〉은 일정 액수의 현금으로 게임 속의 포인트를 충전한 후에 노래 한 곡을 플레이할 때마다 조금씩 포인트를 차감하는 방식의 BM으로 설계되었다. 유저는 자신이 좋아하는 노래를 흥겹게 연주하는 게임 본연의 기본적인 재미를 즐길 수 있고, 좀 더 높은 난이도를 클리어해 나가는 도전 욕구를 가지게 되며, 내 랭킹을 등록하고 비교함으로써 타 유저에 대한 경쟁심도 유발할 수 있다. 그리고 포인트 차감이 아깝거나 혹은 특정곡에 대한 소유욕이 생길 경우 좀 더 비싼 현금을 주고 곡을 구매할 수도 있었다. 물론 구매한 곡은 게임 속에서 포인트 차감 없이 자유롭게 연주할 수 있다. 이 BM은 〈탭소닉〉이 한국에서 가장 큰 매출을 거둔 음악 게임이라는 타이틀을 가질 만큼 성공적이었고, K-팝의 수요가 전 세계적인 열풍으로 이어지자 그만큼의 성공이 기대되는 거대한 중국 시장으로 그 BM 그대로 고스란히 넘어갔다.

▲ 중국판 〈탭소닉〉. 현지화는 나쁘지 않았다.

하지만 기대에 비해 결과는 참담한 수준이었다. 〈탭소닉〉 중국판의 경우 중화권의 유명 가요까지 라이선싱해서 게임에 수록하고, 현지화에도 상당히 공을 들였으며, 적지 않은 마케팅 예산을 투입했음에도 불구하고 기대했던 수익을 창출하는 데 실패했다. 마케팅 효과에 힘입어 다운로드는 수백만 건이나 발생했기에 게임의 실패는 더더욱 의외의 결과였다. 일반적으로 높은 다운로드 수는 모바일 게임에서 매출 발생의 가장 기본적인 조건이기 때문이다.

실패의 원인은 크게 두 가지로 분석된다. 첫 번째로, 유저들이 포인트를 차감해가며 음악 게임을 플레이한다는 것을 이해하지 못했다. 두 번째로, 공짜로 손쉽게 거의 모든 음악 파일을 구할 수

▲ 중국 〈탭소닉〉 유저 피드백 화면

있는데 게임 내에서 현금(혹은 포인트)을 사용해가면서 음악 게임을 플레이하거나 음악을 소유하는 것에 유저들은 큰 반감을 나타냈다. 이 두 가지는 모두 중국 게임 유저의 소유욕을 충족시키지 못한 것으로 기본적인 성향을 이해하는 데 실패한 것이다.

가령 바이두나 텐센트 서비스 등에서는 어지간한 K-팝을 포함한 전 세계 음악을 실시간 스트리밍으로 혹은 파일을 다운로드 해서 들을 수 있고 유저는 이미 그것에 익숙해 있다. 그 음악 파일에는 정식 라이선스를 받은 합법적인 파일도 있고 그렇지 않은 불법 파일도 있지만, 중요한 것은 유저들에게 오랫동안 CD 패키지가 아닌 음원을 구입하는 데 비용을 지불해본 경험이 없다는 것이다. 한 번도 지불해본 일이 없는 상품(혹은 서비스)을 대여하는 데 포인트를 차감해야 하고, 음악 파일을 소유하기 위해 더 큰 현금을 지불하는 방식은 중국 유저들에게는 완전히 생소한 방식으로 반발을 불러왔으며 이 사업 모델이 결과적으로 기대했던 수익 달성에 실패하는 주요 이유가 되었다.

지나간 일을 돌이킬 수는 없다지만 만약 이 BM의 설계를 다음과 같이 바꾸었다면 어떠했을까?

- 저작권의 문제가 있으니 모든 음악의 플레이는 대여 형식으로 무료로 제공
- 동일한 곡을 여러 가지 난이도로 설계하되, 유저의 반복되는 플레이 횟수를 통해 포인트를 제공하고 누적된 포인트는 어려운 난이도의 음악을 클리어하는 데 도움을 주는 아이템으로 판매. 물론 반복되는 플레이가 지겨운 이들을 위

해 현금으로 바로 포인트를 구매할 수 있도록 BM을 설계한다.

- 레벨의 성장을 통해 어려운 곡의 플레이도 높은 판정을 받도록 한다. 비유하자면 RPG에서 내 캐릭터의 레벨이 낮아막혀 있던 몬스터들을 레벨 성장 혹은 아이템 구매를 통해쉽게 제압하는 것과 동일하다. 레벨의 성장이란 여기서 유저가 노력한 결과이자 유저의 소유이니, 유저는 상실감을느끼지 않고 꾸준하게 게임을 즐길 수 있으며 필요한 이들은 결제까지 이어지게 된다.

그렇다면 가장 높은 유저 충성도와 결제율을 가진 것으로 평가받는 미들코어 RPG 장르는 어떠할까? 다음의 두 가지 성공한게임을 비교해보면 차이점을 알 수 있다.

첫 번째 게임은 한국에서 약 1년 넘게 정상급의 매출 순위를지켜온 〈세븐나이츠〉다.

▲ 텐센트가 서비스하는 〈세븐나이츠〉 중국 버전

이 게임은 횡스크롤의 2D RPG이며 뛰어난 그래픽, 특히 전투에서의 화려한 액션 연출과 영웅 수집 그리고 성장의 재미를 제공해 지금까지도 유저들의 많은 사랑을 받고 있다.

〈세븐나이츠〉의 핵심 BM은 대부분의 한국 모바일 RPG가 그러하듯 가챠^{Gacha}(뽑기) 시스템이다.

가챠 시스템은 어떤 아이템이 나올지 명확하지 않은 랜덤 박스형 시스템으로, 다른 말로 '무작위 뽑기 시스템'이라고도 한다. 일본에서 처음 시작되어 건너온 이 시스템의 묘미는 어떤 아이템이 나올지 모른다는 불확실성에 있다. 내가 투자한 재화와 비교해 좋은 것이 나올 수도 있고 안 좋은 것이 나올 수도 있다. 개발자로서 사실을 이야기하자면 안 좋은 것이 나올 확률이 매우 높다. 그럼에도 불구하고 뽑기를 하는 유저들의 심리는 희박한 확률이지만 매주 당첨을 기대하면서 로또 복권을 구매하는 사람들의 심리와 유사하다. 적어도 내가 뽑는 이번 순간만큼은 좋은 아이템이 나올 것이라고 기대하면서 열심히 아이템 뽑기를 하도록 만든다. 이러한 인간의 맹점을 파고드는 심리에 기반한 BM은 많은 게임들에 응용되어 성공 사례와 그에 따른 분석 그리고 다시 재설계의 과정을 거쳐 지금은 좀 더 복잡하면서도 확고한 모바일 게임의 BM으로 자리잡았다. 적어도 한·중·일 3개국에서는 절대적으로 그렇다.

〈세븐나이츠〉에서 유저는 한 번의 전투를 치루기 위해 필드로 나갈 때 총 5개까지 영웅 캐릭터를 동원할 수 있다. 물론 각각의 캐릭터에는 공격형, 방어형, 종합형, 지원형 등 각각의 필요에 의

한 상성이라는 것이 존재한다. 각 캐릭터마다 개성 넘치는 특수한 기술이 있고 어떤 조합을 하느냐에 따라 전투의 승패를 좌우하는 짜릿한 즐거움을 선사한다. 5명의 캐릭터 조합을 하나로 묶은 것을 덱^{Deck}이라고 하는데, 유저가 결국 자신의 덱을 '세븐나이츠급'의 최고급 캐릭터들로 채우는 것이 이 게임의 최종 목표인 셈이다. 그래야만 아무에게도 지지 않는 최강이 될 수 있다.

▲ '올(all) 6성'이지만 아직도 갈길이 멀기만 하다.

게임 시작과 함께 유저에게 공짜로 제공되는 기본 캐릭터인 '1성-1레벨' 캐릭터가 전투에서 승리하면 경험치를 얻는다. 그러면 '1성-2레벨' '1성-3레벨' … '1성-30레벨' 순서로 성장한다. 다른 동료 캐릭터들도 똑같은 과정으로 키운다. 역시 '1성-1레벨'에서 '1성-30레벨'까지 성장시킨다. 그리고 '1성-30레벨'짜리 두 개의 캐릭터가 생기면 이번에는 합성이라는 것을 한다. '1+1=2'가 아니라 '1+1=1'의 구조라는 불합리성이 있지만 그 결과물은

'2성-1레벨'이 되기에 유저는 납득한다. 이런 식으로 '6성-30레벨'까지 키운다. 이렇게 하나의 덱 안에 들어있는 5개의 캐릭터 모두를 '6성-30레벨'까지 키운다. 여기에서 만족하지 않고 두 번째 덱도 그렇게 키우고, 세 번째 덱도 그렇게 키운다. 이 과정에서 엄청난 반복 플레이(일명 '노가다')를 해야 하기에 유저들은 캐릭터 뽑기를 통해 그 과정을 단축하려고 한다. 적은 비용(게임머니)이 들어가는 일반소환권으로는 2~4성 영웅(주로 2, 3성이 나온다.)을 뽑을 수 있고, 많은 비용(루비, 현금과 동일)이 들어가는 고급소환권에는 4~6성 영웅(주로 4, 5성이 나온다.)이 뽑힌다.

▲ '상위 강화'를 위해 나머지는 재료에 불과하다.

물론 여기서 끝은 아니다. '1성+1성=2성'의 단순한 합성 공식에서 내가 원하는 캐릭터가 나온다는 보장이 없기 때문이다. 합성의 결과 캐릭터 또한 랜덤하게 나온다. 하나의 덱 안에 있는 5개의 캐릭터는 역할이 있고 유저는 그 역할까지도 감안한 캐릭터를 뽑기를 바란다. 그래서 RPG^{Role Playing Game}를 우리 말로는 역할 분담 게임이라고 하지 않는가? 공격과 방어, 치유 등의 기능이 적절하게 조합된 덱을 구성해야 한다. 축구로 말하면 공격수, 수비수의 조합이 필요하고, 야구로 말하면 각 수비 위치별로 역할이 필요한 것과 동일하다. 하지만 내가 원하는 캐릭터를 가챠를 통해 뽑기도 어렵지만 합성을 통해 뽑기도 어려운 게 현실이다.

유저는 현재 시나리오의 진도를 나가기 위해 혹은 다른 유저들과의 대결에서 이기기 위해 끊임없이 캐릭터를 성장시키고 합성해야 한다. 반대로 끊임없이 반복해서 플레이하다 보면 유저의 캐릭터는 성장하게 된다. 이 기본적인 성장 메커니즘 속에서 내가 원하는 방향대로 성장되지 않아 콘텐츠의 진도가 막히거나 동일한 레벨의 타 유저와의 대결에서 지게 된다면, 그 욕망의 해소를 위해 과금한다는 구조가 기본적인 한국, 일본, 중국 모바일 RPG의 BM 구조인 것이다.

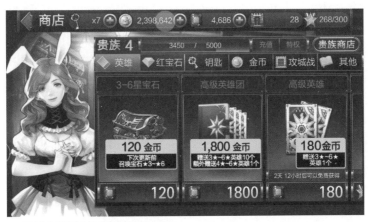

▲ 상점에서 끊임없이 뽑기권을 구매할 수 있다.

다만 여기에는 한국 게임만의 일정한 특징이 있다. 유저의 최종 목표인 〈세븐나이츠〉로의 '풀 덱Full Deck'을 구성하기 위한 결과를 제외하고 과정에서는 어떠한 의미도 부여되지 않는다는 것이다. 오래된 RPG 유저라면 하나의 던전을 클리어할 때의 짜릿한 즐거움을 기억할 텐데, 한국 모바일 게임의 최근 트렌드는 과정보다는 결과 쪽에 몰입하는 경향이 강하다. 유저의 직접 조작보다 자동 조작이 대세가 된 것도 결과주의 세태가 스며든 게임 시스템을 반영한 현상이다. 유저는 귀찮은 것을 피하고 빠른 결과만을 확인하기를 원한다. 다르게 표현하자면 손은 최소한으로 이용하고 주로 머리만 많이 쓰는 구조의 게임이 최근 모바일 게임의 트렌드인 셈이다.

어쨌든 유저 입장에서는 게임에 최초로 몰입하고 난 이후부터 오직 '레벨 업 ❯ 합성 ❯ 뽑기'라는 순환 구조 속에서 허겁지겁 진도를 나가고 있는 모습을 발견하게 된다. 하나의 던전을 클리어할 때의 일시적인 만족감은 있으나 바로 다음 던전을 클리어해야 하는 부담을 느끼게 되며, 이 압박감 속에서 유저는 시간과 비용을 투자하게 된다. 내가 최초에 받은 캐릭터가 무엇인지는 진작 잊어버렸다. 이미 합성의 재료로 소모되었기 때문이다.

〈세븐나이츠〉를 하나의 예시를 들었지만 한국형 모바일 RPG는 대부분 지금까지 설명한 공식을 충분히 따르고 있다. 당연한 일이다. 시장에서 검증된 BM은 후발주자로서도 버리기 어렵다. 기본 뼈대를 바꾸지 않고 조금씩 변화만 주는 실험이 가끔 등장하나 〈헬로히어로〉 이후 지금까지 한국에서 출시된 대다수의 모바일 RPG는 성공하든 실패하든 이러한 설계의 기본을 바탕으로 해서 게임 시스템과 BM이 이어지고 있다.

하지만 이렇게 한국에서 검증된 게임 시스템과 BM이 중국에서는 통하지 않았다. 중국 게임 유저들이 가진 소유욕이라는 기본 요건을 충족시켜주지 못했기 때문이다.

주지하다시피 중국 유저는 소유라는 것에 대해 민감하다. 따라서 유저들이 첫 번째로 받은 캐릭터가 게임 내에서 '최초의 소유'라는 중요한 의미를 가지고 있음에도 불구하고, 한국의 모바일 RPG 시스템에서는 시작한 지 30분만에 합성의 재료로 사라지고 만다. 중국 유저의 입장에서는 '이게 뭐야?'라는 심정 아니었을까? 모바일 게임의 진성 유저 확보를 위해 가장 중요한 타이밍인 최초 접속 플레이 30분 이내에 이런 문제를 겪는다면, 중국 유저의 리텐션Retention(재접속)이 현저하게 떨어질 수밖에 없는 구조가 되는 것이다.

캐릭터의 소유욕을 기반으로 해서 1차 애착이 생기고, 플레이를 통해 게임의 재미에 빠져들게 되면서 이후 성장해 나가게 되고 2차 애착이 생긴다. 2차 애착이 생긴 후에야 비로소 유저 입장에서는 결제할 마음이 생기고, 이로써 BM 설계가 빛을 보게 되는 것이 바로 중국 게임의 특징이다.

실제로 장르상 RPG이고, 플레이 방식도 흡사하고, 가챠 시스템이 중요한 BM이라는 부분까지 유사한 중국의 〈도탑전기〉를 살펴보면 이 소유욕 관련 작용이 확연하게 다른 것을 알 수 있다.

〈도탑전기〉에 최초로 등장하는 모든 영웅 캐릭터 수는 40여

개에 불과하다. 일반적인 한국 게임에 등장하는 캐릭터 수에 비하면 매우 적은 편이다. 〈세븐나이츠〉의 경우 100개가 넘어간다. 그럼에도 불구하고 〈도탑전기〉를 즐기는 유저는 심리적으로 캐릭터 수가 적다는 생각이 들지 않고, 도리어 각각의 영웅을 키워내기가 매우 바쁘고 벅차다고 생각한다. 40여 개의 캐릭터 모두가 각각 소유할 만한 가치를 부여해주기 때문이다.

▲ 소유욕을 충족시키는 〈도탑전기〉의 캐릭터 화면

　최초에 유저가 받게 되는 기본 캐릭터조차 플레이를 시작한 지 한 달이 넘어가도록 여전히 열심히 키우고 활용하게 된다. 한국 게임에서는 30분 내에 강화의 재료로 사라지는 것과 비교하면 큰 차이점이다. 물론 그 사이에 다른 캐릭터들을 확보하게 되고 개성이 다른 각각의 캐릭터들을 통해 소유의 즐거움도 얻게 된다. 하지만 새로운 캐릭터들은 유저 간의 대전에서 이기기 위한 전략적인 용도로 필요하기도 하고 혹은 막혀 있는 시나리오 레벨을 클리어하기 위해서라도 반드시 필요하다. 유저는 기존에 키우고 있던 캐릭터들도 꾸준히 키워야 하고 새로운 캐릭터들을 소유하기 위한 노력도 게을리할 수 없다. 이는 콘텐츠가 그리 많지 않음에도 게임의 수명을 늘려가는 효율적인 방식이기도 하다. 아울러 중국 유저들의 마음을 사로잡기 위한 소유욕을 이끌어내는 방식이기도 하다. 한국의 게임처럼 한 번 쓰고 버리는 캐릭터가 아니라 꾸준하게 필요하도록 만들고, 이를 위해 계속 시간과 돈을 들일 가치를 제공하는 것이 중국 게임들이 유저의 소유욕을 만족시키는 핵심적인 방법이다.

정리하자면 중국 유저들은 게임 내에서 본인의 소유욕을 중요하게 여긴다. 그리고 그 소유욕은 충분한 가치를 부여함으로써 생겨난다. 최초 게임 시스템을 설계^{Game Design}할 때 생성되는 캐릭터든, 드롭되는(혹은 판매되는) 아이템이든 소유욕을 자극하는 가치를 제공해야 한다. 그것이야말로 중국 모바일 게임 BM 설계에서 첫 번째로 고려해야 할 요소다.

차별성을 제공하는 VIP 시스템

VIP$^{\text{Very Important Person}}$는 말 그대로 귀빈을 의미한다. 신분제 사회에서는 혈통을 의미했고 정치적으로는 높은 지위에 있는 사람을 의미하지만 자본주의 사회에서는 단지 부자를 의미한다. 충분하게 많은 돈을 지불하는 고객이라면 비행기, 공항, 백화점, 호텔, 식당, 각종 클럽 등에서 차별화된 서비스를 받도록 해주는 것이 바로 자본주의 사회에서의 VIP 제도다.

이 VIP 제도의 핵심은 차별성에서 비롯된다. 남과 다른 특별한 서비스를 제공받는다는 점에서 심리적인 만족감이 극대화되는 것이다. 당연한 이야기지만 오프라인 VIP 제도는 합리적인 소비를 통해 얻을 수 없다. VIP와 합리적 소비는 정반대의 대척점에 있다. 돈에 연연하지 않을 정도의 재력과 소비 수준을 갖춰야 진정한 VIP 대접을 받을 수 있고, 이는 VIP 서비스를 받는 이들의 차별성을 채워주는 역할을 하고 있다.

게임 이야기로 넘어가자면, 과거 온라인 정액제 게임에서는 그 게임을 즐기는 모든 유저가 매월 동일한 금액만큼 결제하기 때문에 많은 시간을 투자하는 이가 게임 내에서 고렙의 선도자이자 길드 대장이자 게임 내 주목받는 인기인이었다. 〈울티마 온라인〉, 〈리니지〉, 〈월드 오브 워크래프트〉 등 한 시대를 풍미한 MMORPG가 다 그러했다. 좋은 아이템 드롭을 기대하며 끊임없는 사냥을 반복하는 것이고 그 행위는 많은 시간을 필요로 했다. 게임 자체가 재미도 있었겠지만 사실은 재미 이상의 투철한 목적의식을 필요로 하는 노동 행위에 가까웠다.

하지만 게임 장르가 다양화되고 BM도 월 정액제에서 F2P의 부분 유료화 모델로 넘어오면서는 상대적으로 '현질(현금으로 아이템 구매를 하는 것을 의미함)'을 많이 할수록 게임 내 선도자의 지위를 차지하기가 유리해졌다. 가령 캐주얼 레이싱 게임 〈카트라이더〉에서 내가 아무리 조작 능력이 뛰어나고 심지어 고급 기술인 드리프트까지 능수능란하게 구사한다고 해도 단번에 성능이 우수한 최고급 카트 풀세트를 현금으로 구매한 중급 유저를 이기기란 쉽지 않다는 것이다. 이제는 적절한 시간과 적절한 결제를 합산해서 게임을 즐기는 시대로 시장이 요구하는 게임의 트렌드가 변화한 것이다. 승부욕이 높은 유저이거나 혹은 네임드 유저가 되고자 한다면 그만큼의 지출도 필요한 시대가 되었다.

하지만 게임 속에서 경쟁 유저가 어느 정도 돈을 지불했는지, 그래서 얼마나 이기기 힘든 존재인지를 확인하기 위해서는 나도 어느 정도 게임에 몰입해야 한다. 타인이 착용한 각종 아이템들의 가치를 확인하는 안목이 필요하다. 그 안목을 키우기 위해서는 나역시 시간의 투자가 필요하다. 상대방의 아이템이 시간 투자라는 노력의 결실로 얻을 수 있는 것인지 아니면 반드시 현금으로만 구매할 수 있는 것인지에 대한 확인 작업이 필요하다. 반대로 과시하고 싶은데 그 가치를 다른 유저들이 몰라주면 그 또한 김빠지는 일이다. 명품 옷과 명품 가방으로 치장하고 나갔는데 아무도 몰라주면 화가 나는 것과 유사한 상황이다. 해당 게임에서 충분한 시간을 투자한 유저들은 내가 보유하고 있는 레벨과 아이템의 의미를 이해하겠지만, 이왕이면 좀 더 많은 유저들이 빠른 시간 내에 그 가치를 한 번에 알아주기를 바란다. 내가 구매한 명품 옷의 가치를 똑같은 명품을 구매한 사람들만이 알아주기보다는, 구매하지 못한 사람들로부터도 일종의 선망의 대상처럼 여겨져 내 어깨를 으쓱하게 만드는 기쁨을 얻고자 하는 것이다. 그것이 충분한 비용을 지불하고 차별화된 서비스를 받는 사람들의 심리다.

중국 게임에서 최초로 등장한 BM인 이 VIP 시스템은 상기에 언급한 문제를 놀라울 정도로 절묘하게 개선했다. 내 자신의 과시를 위해서도 유용하게 사용되고 내 경쟁 상대가 얼마를 결제했는지도 유추할 수 있다. 무엇보다 게임에 돈을 쓰는 유저로서 차별화된 서비스를 받는다는 본연의 욕구를 만족시켜줬다.

VIP 시스템의 원리는 매우 간단하다. 유저가 게임 내에서 VIP가 되는 것이 오프라인처럼 장벽이 높아서는 안 된다. 그냥 유저가 게임 내에서 결제하는 즉시 VIP가 되는 것이다. 돈을 지불하고 VIP 유저가 되었기에 당연히 그에 상응하는 보상이 제공된다. 가장 보편적으로는 게임 내에서 통용되는 현금과 동일한 기능을 하는 게임캐시를 적절한 비율로 확보할 수 있다.

현재 만들어지는 대부분의 모바일 게임 내에서는 보편적으로 두 가지의 화폐가 통용된다. 게임 플레이를 통해 보상으로 얻는 게임머니가 있고, 현금으로 직접 구매 가능하면서 현금과 동일한 가치와 성격을 지니는 게임캐시가 있다. 명칭은 게임에 따라서 보석, 골드, 아덴, 캐시, 루비 등 다양하게 사용되지만 업계에서 일반적으로 게임머니(줄여서 '머니'라고 함)와 게임캐시(줄여서 '캐시'라고 함)라고 심플하게 분류해서 사용되고 있다. 게임 유저가 게임 내 상점에서 구매하는 아이템(캐릭터 포함)도 일반적으로 두 가지 종류가 있는데 게임머니로 구매하는 머니 아이템(줄여서 '머니템'이라고 함)과 오직 캐시로만 구매할 수 있는 캐시 아이템(줄여서 '캐시템'이라고 함)이 있다.

당연한 이야기지만 BM 설계의 핵심은 유저가 캐시템 구매에 대한 욕구를 느끼고 현금으로 캐시를 많이 구매하도록 유도하는 것이다. 예를 들면, 최소 3성 이상의 고급 캐릭터나 고급 아이템을 뽑을 수 있는 고급뽑기권이 현재 한국과 중국에서 가장 많이 사용되는 캐시템이자 핵심 BM이다.

중국 게임의 VIP 시스템은 이렇듯 단순하게 캐시템의 구매를 유도한다는 BM의 본질을 잘 유지하면서 돈을 쓰는 유저들에게 좀 더 특별한 차별성을 느낄 수 있도록 고안되었다. 요약하면 다음과 같다.

- 유저는 게임 내에서 결제하면 즉시 VIP 회원이 된다.
- 결제한 만큼의 캐시를 게임 내에서 제공받는다. 일종의 재화를 구매한 것과 유사하다.
- VIP 회원은 차별화된 서비스를 받는다. 게임 플레이 횟수

제한 해지, 동일한 플레이를 했을 경우에도 얻는 경험치와 게임머니가 일반 회원들보다 많을 뿐만 아니라 VIP 전용 상점 등을 이용하는 등의 혜택을 받을 수 있다. 이러한 서비스에는 실질적으로 게임상에서 동일한 시간을 투자한 일반 회원들보다 좀 더 빠르게 캐릭터를 성장시키는 데 유용한 기능들이 담겨 있다.

- 재화에 대한 교환과 차별화된 VIP 서비스를 제공받는 것 외에 심리적인 만족감도 무시할 수 없다. VIP 등급은 유저에게 있어서 게임 내 자신의 지위를 타인에게 자랑할 수 있는 근거가 되기 때문이다. PVP(유저 간 대결)를 할 때 상대편이 VIP 회원일 경우에는 아무래도 다소 망설여지는 부분이 있기 마련이다. 또한 VIP 회원만이 이용할 수 있는 특별한 상점은 전용 아이템이 판매되기 때문에 다른 일반 유저들에게는 부러움의 대상이 되기도 한다.

VIP라고 해서 모두가 똑같은 VIP가 될 수는 없다. 이코노미석을 이용하는 승객 입장에서는 그 이상은 모든 것이 부담스러운 고가의 서비스이기에 고려 대상이 아니고 합리적이지 않은 지불이라고 생각하면서도 부러움이 공존하는 것이 일반적이다. 반면에 그 윗 단계의 비즈니스석, 프레스티지석, 퍼스트클래스를 이용하는 사람들에게는 각각의 서비스와 차별성이 중요한 의미가 된다. 게임에서의 VIP 시스템도 그래서 등급이라는 것이 존재한다.

VIP 등급표			스태미너 충전에 따른 경험치					
VIP	결제누적	최소금액	VIP	스태미너 충전	다이아	경험치	다이아	효율성
	다이아 개수	(원)		(횟수)	횟수별	누적	누적	
–	–	–	–	1	50	120	50	2
1	10	3,300	1	2	50	240	100	2
2	100	3,300	2	3	100	360	200	2
3	300	8,800	3	4	100	480	300	2
4	500	14,300	4	5	100	600	400	2
5	1,000	27,500	5	6	100	720	500	1
6	2,000	55,000	6	7	200	840	700	1
7	3,000	82,500	7	8	200	960	900	1
8	5,000	137,500	8	9	200	1,080	1,100	1
9	7,000	192,500	9	10	400	1,200	1,500	1
10	10,000	275,000	10	11	400	1,320	1,900	1
11	15,000	412,000	11	12	400	1,440	2,300	1
12	20,000	550,000	12	13	1,000	1,560	3,300	1
13	40,000	1,100,000	13	14	1,000	1,680	4,300	0
14	80,000	2,200,000	14	15	1,000	1,800	5,300	0
15	150,000	4,125,000	15	16	1,000	1,920	6,300	0

▲ 〈도탑전기〉의 VIP 등급과 호출표

게임 내 VIP 시스템은 중국의 웹 게임Web Game에서 처음 시작되었다. 브라우저 게임Browser Game이라고도 불리는 웹 게임은 2000

년대 중반 이후 급격히 발전하게 되었다. 우리가 흔히 온라인 게임이라고 부르는 클라이언트 기반의 게임과 비교했을 때 웹 게임은 별도의 설치 과정 없이 웹 브라우저를 통해 바로 게임에 접속 가능한 장점이 있다. 반면에 그래픽의 퀄리티가 조악하고 게임상의 기능도 다양하지 못한 것이 단점이다. 2000년대 중반 이후 중국을 중심으로 이 웹 게임이 폭발적으로 성장하기 시작했다.

웹 게임은 그 특성으로 인해 게임의 외적 화려함을 줄일 수밖에 없는 태생적 한계가 있는데, 반대로 클라이언트 기반의 온라인 게임은 컴퓨터산업의 발전을 이끌고 있다 해도 과언이 아닐 정도로 하드웨어 스펙의 영향을 받는다. 하지만 당시만 해도 중국에서 PC의 교체 주기보다 온라인 게임의 그래픽 퀄리티 발전 속도가 더 빨라져, 하드웨어의 영향을 받지 않는 웹 게임이 뜻밖의 수요층을 만들어낸 것이다. 유저들에게 인기를 끌다 보니 도리어 기술도 발전해서 외적인 화려함과 게임의 기능이 풍성해지고 개발사의 수익원인 BM 설계도 기존의 온라인 게임과는 다른 새로운 것을 창출해낸다.

웹 게임 유저는 상대적으로 고연령층이 많았다. 당시만 해도 PC 온라인 게임을 즐기는 유저는 10대 후반부터 20대에 집중되어 있었다. 그런데 웹 게임은 좀 더 높은 연령층인 20대 후반에서 30대까지의 직장인들을 주요한 사용자로 끌어들였다. 주로 PC방에서 즐기는 온라인 게임에 비해 웹 게임은 최신 PC가 없는 회사나 가정에서도 게임을 적절히 즐길 수 있었기에 새로운 게임 유저의 형태로 유입된 것이다. 회사 PC에 엄청난 용량의 온라인 게임 클라이언트를 다운로드해서 설치하는 것은 불가능할 테니 말이다.

연령층이 상대적으로 높고 게임을 거의 처음 접하는 웹 게임 유저들에게 중요한 것은 편의성이다. 게임을 하나 하기로 마음 먹으면 1년 이상 즐기게 되는 PC 온라인 게임 유저와는 달리 빠른 성장도 필요했다. 그러다 보니 플레이하는 법을 몰라도 자동으로 길을 찾아주고 자동으로 시나리오 퀘스트를 받고 심지어 자동으로 사냥까지 하는 그야말로 풀 오토 서비스가 제공되었다. 아이러니하게도 이전까지 PC 온라인 MMORPG를 서비스하는 회사들은 불법으로 만든 오토 프로그램(자동사냥)을 일종의 어뷰징으로 인식해서 색출하고 계정을 블록시키는 것이 절대 과제였는데, 웹 게임에서는 아예 그것을 게임 시스템상에 하나의 기능으로 제공하는 발상의 전환을 한 것이다. 이후에 이런 웹 게임의 시스템은 클라이언트 기반의 온라인 게임에도 거꾸로 도입될 정도로 큰 영향을 미쳤다.

아울러 이 웹 게임 유저들의 경우 편의성만 충족되면 결제는 망설일 이유가 없는 좀 더 여유 있는 연령층이었기에, BM 설계 측면에서도 단순 재화 교환 이상의 차별화된 서비스를 제공하는 VIP 시스템이 나오게 되었다. 최초의 VIP 시스템에 등급이 생긴 것은 유저의 '귀차니즘'을 등급별로 나눠서 각각의 기능 제공 형태로 충족시키려는 목적에서 출발했으나, 이후 재화와 서비스, 그리고 심리적인 만족감을 각각 다르게 채워주면서 좀 더 다양하고 심층적인 BM의 형태로 발전하게 되었다.

가령 우리가 흔히 사용하는 신용카드의 경우 이용 실적에 따라 혜택이 업그레이드된 골드 카드나 그보다 더 높은 혜택을 주는 다이아몬드 카드가 제공되고, 경우에 따라서는 연회비도 만만치 않고 가입 자체의 기준도 높은 플래티넘Platinum 카드가 제공되기도 한다. 이와 같이 카드 혜택을 여러 단계로 나누는 것은 VIP 회원의 수가 많아질수록 자신이 받는 서비스에 차별성이 줄어든다고 느끼는 심리를 반영하기 때문이다. 아울러 카드사는 한 단계 서비스가 업그레이드될 때마다 수익 단계가 세분화되고 수익률이 높아지며 고객 관리와 만족도 면에서도 유리한 데이터를 얻게 된다. 게임 내에서의 VIP 시스템도 이러한 발전 단계를 거쳐 점차 등급과 혜택이 다양해지기 시작했다. 유저에게는 차별화된 서비스의 단계를 직접 선택하게 하는 셈인데, 물론 당연하게도 그 기준은 결제 금액과 결제 횟수에서 비롯된다.

VIP 시스템은 게임 내에서 유저 플레이에 영향을 준다. 일반적인 F2P 과금 모델에서는 시간과 유료 아이템의 두 가지 항목을 통해 게임의 밸런스가 유지된다면, 중국식 VIP 시스템의 경우 게임 전반의 시스템에 직접적인 영향을 주도록 구성되어 있다. 일반적인 내용을 언급하면 다음과 같은 내용들이 제공된다.

- 경험치, 각종 보상reward의 차별적 제공: 일반적으로 VIP 회원은 최소 두 배 이상 제공된다.
- 던전 입장 횟수: 더 많을 뿐만 아니라 입장권 구매에도 혜택이 제공된다.
- 추가 덤 제공: 각종 구매에 추가로 보상을 제공한다.

- 전용 상점: VIP 회원만 입장 가능한 상점이 있고 특별한 물품 구매가 가능하다.
- 전용 던전: 그들만의 입장 던전(사냥터)이 있다.
- 쿨타임 단축: 각종 쿨타임이 단축되거나 아예 없다. 일반 회원은 다시 순서를 기다려야 한다.
- 전용 UI: 좀 더 간편하게 입장 가능하고 타인에게도 특별한 아이콘으로 보여진다.
- 강화 재료 제공: 일반 유저가 엄청난 노가다를 통해 획득하는 강화 재료들을 VIP 회원은 손쉽게 제공받는다.
- 그 외 빠른 레벨 업과 과시를 위한 여러 가지 혜택이 제공된다.

중국의 모바일 게임 내에서 VIP 등급은 점점 세분화되는 추세다. 게임 내에서 단순하게 이뤄지는 재화의 교환 말고도 그만큼의 서비스 혜택이 많아진다는 것을 의미한다.

최근 나오는 게임들의 경우 평균 10등급에서 많으면 15등급씩을 갖추고 나온다. 결제 금액 등의 조건이 충족된다면 보통 한 번 결제에 한 번 등급이 상승하는 셈이니 최고 VIP 등급이 되기 위해서는 무려 15회 이상 결제해야 하는 것이다. 상위 단계의 VIP로 가기 위한 결제의 난이도(노골적으로 이야기해서 결제 요구 금액)는 당연히 더 높아진다. 이에 따라 VIP 최상 등급에 가기 위해 유저가 부담해야 할 금액은 상당히 커진다. 어찌 보면 게임상에서의 최종 미션에 해당하는 각종 던전 클리어나 PVP 승리, 최상의 레

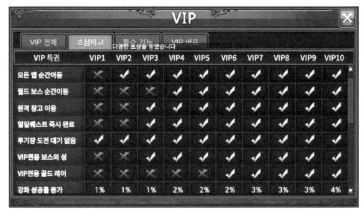

▲ 최근 한국을 강타하고 있는 〈뮤 오리진〉의 VIP 혜택

벨 및 최고의 아이템 등급 확보, 혹은 넘버원 길드 육성과는 또 다른 의미에서의 게임 내 미션이 주어진 셈이다. 다만 그 미션이 지나치게 노골적이다. 단지 돈을 많이 쓰는 것만으로도 충족되는 미션이니 말이다. 하지만 자본주의 사회에서 차별적인 대우를 바라는 사람들이 VIP가 되듯이 게임 내에서도 특별한 대우를 받기 위해 유저는 기꺼이 지갑을 연다.

VIP 등급별 보석 및 실제 금액		
등급	보석	가격
VIP 1	50개	1,100원
VIP 2	300개	6,600원
VIP 3	1,000개	22,000원
VIP 4	2,000개	44,000원
VIP 5	4,500개	99,000원

(이어짐)

VIP 등급별 보석 및 실제 금액		
VIP 6	10,000개	220,000원
VIP 7	30,000개	660,000원
VIP 8	50,000개	1,100,000원
VIP 9	100,000개	2,200,000원
VIP 10	300,000개	6,600,000원

▲ 〈전민기적〉의 VIP 등급별 과금 액수

F2P가 대세가 되어버린 모바일 게임시장에서 각국의 유명 개발사는 BM 개발에 몰두하면서도 이 VIP 시스템 도입에 대해서는 내부적으로 찬반양론이 엇갈리고 있다. 게임 자체보다 돈 쓰는 것에만 포커스가 맞춰질 수 있기 때문이다. 적어도 한국과 미국, 일본의 게임 개발자들에게 있어서 게임 개발이란 창작 행위에 가깝다. 게임 전체에 세계관이 있고 전투에는 목적이 있기를 바라고 그 속에서 유저 간의 교류(동료애)가 있는 또 다른 작은 세계가 생성되기를 희망한다.

리처드 개리엇이 창조한 〈울티마〉의 세계관을 달리 '로드 브리티쉬Road British'라고 하는 것이 아니다. 적어도 게임 전반을 관통하는 창작물이 어느 정도 완성된 후에야 BM에 대해 고민한다. 창작(다른 관점에서는 예술이라고 해도 무방하다.) 속에는 유저가 게임을 즐기는(혹은 동화되는) 과정이 있는데 그 과정을 오직 결제에 의해 망가뜨리기를 바라지 않는다. F2P가 대세인 현재 시장에서 생존을 위해 어쩔 수 없이 아이템을 만들어내지만 보상 이외에 게임에 직접적인 영향을 주는 서비스에는 다소 소극적일 수밖에 없는 것이다. 그런데 자본주의가 만들어진 '로드 브리티쉬'의 나라보다도 그것을 받아들인 중국이 오히려 그런 측면에서는 별다른 고민 없이 BM을 설계하는 것을 보면 중국인들의 DNA에는 확실히 상재가 있는 듯싶다.

사실 현대에 들어서며 사회주의 체제를 받아들였지만 중국은 3,000년 이상 상업이 발전해온 국가다. 자본주의 체제에서 사용되는 은행, 어음, 수표 등이 가장 먼저 사용된 곳이니 현재의 중국이 사회주의 체제라고 해서 중국 시장이 이제 막 자본주의와 상업에 눈을 뜬 것으로 인식해서는 안 된다. 덩샤오핑이 시장을 개방하면서 이야기했던 '검은 고양이든 흰 고양이든 쥐만 잘 잡으면 된다.'는 '흑묘백묘론黑猫白猫論'은 실용적인 것을 추구하는 중국인들의 모습을 잘 나타낸 예가 될 것이다.

이러한 중국인들의 타고난 상재와 극단적일 정도의 실사구시實事求是 마인드는 중국인들이 게임을 만드는 과정을 창작이 아닌 제작으로 인식하고 받아들이게끔 했다. 창작과 제작은 여러 형태에서 논의 가능하겠지만 게임 개발자의 관점에서 정리하자면, 게임을 창작하는 이는 '게임을 재미있게 잘 만들면 유저들이 돈을 쓸 것이다.'라는 관점에서 모든 것이 시작되지만, 게임을 제작하는 이의 관점은 '유저들이 돈을 많이 쓰게 만들기 위한 게임의 재미를 갖춰야 한다.'라고 인식한다. VIP 시스템이 중국에서 나올 수 있었던 가장 큰 이유는 바로 이런 관점의 차이에 있었다. 돈을 여러 형태로 소비할 수 있는 구조를 먼저 만들어놓고 난 이후에야 게임상의 시스템과 콘텐츠를 거기에 맞춰 조절하는 것이다. 최근 한국에서도 중국 BM을 많이 연구하며 VIP 시스템의 외형적인 모습을 많이 따라가고 있는데 생각보다 성과가 나오지 않고 있다. 제작과 창작의 근본적인 마인드를 이해해서 그것을 받아들이려는 마음이 없는 가운데, 그저 외형적인 모방에만 치중하기 때문이다. 어쩌면 창작에 대한 명분도 잃고 제작에 대한 실리도 잃었으니 어설픈 모방으로 명분과 실리 모두를 잃어버린 최악의 사례가 될지도 모르겠다.

만약 당신의 프로젝트에 중국식 BM의 핵심으로 꼽히는 VIP 시스템을 도입하려고 한다면 이런 충고를 하고 싶다. "왜 그런 BM이 현재의 시장에서 성공했는지를 알기 위해 외형적인 결과에 따른 분석보다는 소비한 유저의 내면적인 이유를 고민하고 설계하라. BM을 먼저 설계한 후에 그것에 맞춰서 게임 시스템을 설계하라. 만약 게임 시스템이 이미 설계되었다면 과감하게 BM에 맞춰 바꿔라. 바꾸지 않고 적당히 타협해서 일정 부분만 도입하려면 자칫 명분도 실리도 잃는 최악의 결과가 나올 테니 그럴 바에는 그냥 중국식 BM을 포기하라. 모방하려고 마음 먹었다면 자존심을 버리고 철저하게 따라가는 것이 성공의 열쇠다."

밸런스: 시간과 돈의 상관계수

밸런스^{Balance}의 사전적 의미는 균형이다. 게임에서의 밸런스란 '게임 속에서 플레이되는 모든 요소의 균형과 조화'라고 정의하고 싶다. 게임을 음식에 비유하자면 밸런스는 소금에 해당될 정도로 핵심적인 요소다. 아무리 좋은 재료를 쓰고 완성된 요리의 비주얼이 미각을 자극할 정도로 훌륭해도 소금간을 맞추는 데 실패하면 요리를 망치게 된다. 게임성이 출중하고 그래픽이 훌륭해도 밸런스 조절에 실패하면 그 게임은 재미가 없어진다. 완벽하다고 생각한 게임에 문제가 있다면 그건 밸런스에서 비롯된 것이다. 그래서 수많은 게임 기획자들은 게임 밸런스를 게임 개발의 알파이자 오메가라고 일컫는다. 그만큼 밸런스는 게임의 완성도를 높이는 데 절대적이라고 할 만큼 중요한 비중을 차지한다.

밸런스를 구성하는 요소는 다양하지만 대부분 숫자에 의한 구성이기에 그 결과 값을 명확하게 표현할 수 있다. 1레벨 몬스터를 사냥하는 데 1레벨 캐릭터와 10레벨 캐릭터가 소요하는 시간은 각각 다르고, 이것은 정확한 수치로 계산할 수 있다. 원거리 공격이 주특기인 궁사와 근거리 공격이 강한 전사가 서로 PVP로 결투하게 되었을 때, 두 캐릭터의 특성상 궁사가 먼저 공격하게 되고 이에 따라 전사는 먼저 데미지를 입을 수밖에 없다. 그러므로 똑같은 레벨과 스탯을 가지고 두 캐릭터가 만난다면 무조건 궁사가 이기게 된다. 그렇기 때문에 전사의 HP(체력)에 좀 더 큰 수치를 부여한다. 즉, 전사의 HP를 높여 좀 더 맷집이 강하게 설계한다. 이게 밸런스의 기본적인 수치 적용 방식이다.

일반적으로 밸런스는 크게 다음과 같은 요소로 구분된다.

성장 구조

캐릭터의 성장 밸런스를 의미한다. 게임 콘텐츠의 양과 직접적인 관련이 있으며 LTV^{Lifetime Value}와도 관계가 깊다. 유저가 처음 게임에 접속해 하나의 캐릭터를 만들고 최종 레벨까지 도달하는 데 걸리는 시간을 각 단계별로 구분한 것이다. 가령 1레벨에서 시작해서 100레벨에 도달하는 것이 '만렙'이라고 하면, 각각의 단계마다 유저가 게임 내에서 즐길 수 있는 콘텐츠 이벤트를 꾸준하게 제공해야 한다. 이 밸런스는 콘텐츠의 소모 속도에 직접적인 영향을 주는데, 너무 빠르면 유저가 게임 후반부에 가서 할 것이 없어지므로 콘텐츠 업데이트에 개발사가 부담을 느낄 수밖에 없고 반대로 너무 느려지면 지겨워서 유저가 이탈하게 된다. 그러므로 꾸준하면서도 지치지 않게 플레이할 수 있도록 성장 레벨에 대한 적절한 밸런스 조절이 필요하다. 이러한 성장 구조의 밸런스는 게임 설계의 기초공사에 해당한다. 보통은 전체 콘텐츠의 양과 도달하는 시간 값을 계산한 뒤에 분배하는 형식이며 돌발 변수가 희박한 절댓값에 가깝다.

이 성장 구조의 밸런스를 게임의 핵심 요소로 가장 극대화한 게임이 바로 〈전민기적〉이다. 〈전민기적〉의 경우 무려 800레벨이 라는 방대한 레벨로 구성되어 있는데 초반의 성장 속도는 무시무 시할 정도로 빠르다. 어느 정도 빠르냐면 게임을 시작한 지 5분이 면 30레벨, 30분이면 50레벨을 돌파 가능한 수준이다. 남보다 빨 리, 남보다 높게 성장시키는 밸런스의 구조를 잡은 것인데, 사실 이러한 구조는 그 원조격인 중국 웹 게임에서 건너오긴 했지만 모바일 게임에서 이 정도의 콘텐츠 소모량을 감당할 만큼의 성장 률을 제공한 게임은 이전에 없었던 터라 유저들은 신기해 하면서 몰입할 수 있었다. 그리고 웹 게임을 해보지 않았던 모바일 게임 유저 입장에서는 이 성장 구조와 그것을 뒷받침하는 방대한 콘텐 츠 양에 열광하게 되는 것이다.

속성 구조

게임 내 캐릭터는 각각 특정한 직업(신분)이 있고 그 특성에 따라 고유의 스킬이 있다. 또한 아이템 착용 여부에 따라 능력치가 변 한다. 성장 구조가 절댓값에 의존한 기초공사라면 속성 구조는 가 변적이다. 유저가 어떤 직업, 어떤 아이템을 착용하고 어떤 스킬 을 마스터하느냐에 따라 콘텐츠 소모 속도에서 여러 변수가 존재 하기 때문이다. 속성 밸런스를 잘못 설계한 경우야말로 유저들의 불평이 자주 쏟아져 나오는 대목 가운데 하나다. 가령 특정 직업 의 캐릭터가 너무 유리하거나 상위 레벨에서 나온 아이템의 가치가 하위 레벨에서 나온 것보다 떨어지거나 하는 식이다. 네트워크 기반 게임의 경우 이 속성 구조의 밸런스가 잘못 설계되면 악용하는 유저들이 많다는 점에서 치명적이다. 밸런스의 약점을 찾아서 빠르고 손쉽게 성장시켜버리면 정상적으로 플레이한 다른 유저들은 박탈감을 느끼게 되고 결국 게임에서 이탈하기 때문이다. 게임에서 유저들은 결제에 관련된 부분을 제외하고는 절대적인 공정함을 원한다. 그리고 그 공정함은 밸런스를 통해 많이 좌우되는 편이다.

▲ 〈도탑전기〉의 속성 전투 화면

　이 속성 구조의 밸런스를 제대로 이해하고 설계한 게임이 바로 〈도탑전기〉다. BM이 목표로 삼은 유저의 소유욕을 만족시킨다는 측면을 결국은 어느 캐릭터 하나 버릴 것 없도록 설계해서 달성하는 것이다. 캐릭터 고유의 직업과 아이템 착용에 따른 능력치 향상은 각 스테이지별로 다르게 설계된 난이도를 극복하는 데 중요한 변수로 작용한다. 유저 입장에서는 캐릭터 전체를 키우고 끌고가야 하는 부담이 있지만 결국 모든 캐릭터를 써먹게 된다는 신뢰가 생기는 것이다. 유저들의 불평이 가장 적은 게임으로 〈도탑전기〉가 유명한데, 바로 이 속성 구조의 밸런스를 완벽에 가깝게 만들어냈기 때문이다.

경제 구조

게임은 우리 실생활의 경제 순환 구조와 유사한 면이 있다. 유저들의 생산활동(사냥, 전투 등)이 있고 생산된 재화는 유통되며 그 유통을 위해 화폐가 존재한다. F2P로 넘어오면서 게임 속 화폐는 두 가지로 구분되며 경제 구조가 더 복잡해졌다. 하나는 순수한 게임 활동을 통해 얻는 게임머니이고, 다른 하나는 실제 현금과 동일한 가치를 지닌 게임캐시다. 우리 실생활에서도 경제의 순환 구조가 매우 중요하듯 게임 내에서도 마찬가지다. 유저가 생산 활동을 통해 얻는 재화가 쌓여 있기만 한다면 유저는 굳이 그 활동을 할 이유가 없어진다. 그 재화를 통해 화폐(게임머니)를 얻었는데, 그 화폐를 쓸 곳이 없다면 화폐의 가치는 무의미해진다. 즉, 게임 내에서 꾸준한 경제활동을 할 수 있도록 경제 구조가 밸런스를 유지해야 한다. 사냥하고 레벨 업하고 보상받은 물품은 사용하거나 팔아서 다른 좋은 것을 상점에서 구매하는 식으로 말이다.

경제 구조의 밸런스는 유저가 게임상에서 당장 어떤 영향을 받게 만드는 요소는 아니다. 하지만 유저가 그 게임을 하면 할수록 만족감을 전해주는 배경이 되기도 한다. 성장과 속성의 밸런스는 매우 중요해서 그 자체의 실패가 곧 게임의 붕괴를 초래할 수도 있고, 반대로 잘 짜인 경제 구조의 밸런스는 게임의 가치를 최상급으로 올려준다. 아울러 성장과 속성의 밸런스를 잡는 데 있어 밑바탕에서는 경제 구조 밸런스가 영향을 준다는 점도 의미가 있다. 사실 중국 게임의 BM에서도 이 경제적 밸런스를 잘 잡은 게임은 드물다. 일반적으로 이런 형태의 밸런스는 미국 게임들이 잘잡는다. 다만 〈전민기적〉의 유저 간 아이템 거래와 같은 경제적 요소(이 부분은 밸런스의 영역은 아니지만)가 매출에 영향을 미치는 것은 분명하다.

F2P를 주력 BM으로 하는 게임이 발전하면서 밸런스는 좀 더 복잡해졌다.

과거의 패키지 게임 시대나 온라인 정액제 시대에는 전적으로 유저의 시간 투자라는 대목만 심도 있게 고민하면 별다른 문제가 없었다. '하루 평균 몇 시간을 게임에 투자할 것인가?'에 대한 고민과 그에 따른 콘텐츠의 분량, 적절성을 체크해주면 되었는데, 돈을 주고 아이템을 구매하는 시대로 바뀌니 개발자들은 밸런스 조절에 대해 혼선을 겪기 시작했다.

- 돈을 많이 쓰는 유저
- 돈을 적당히 쓰는 유저
- 돈을 안 쓰는 유저

- 시간을 많이 쓰면서 돈을 많이 쓰는 유저
- 시간을 많이 쓰면서 돈을 적당히 쓰는 유저
- 시간을 많이 쓰면서 돈을 안 쓰는 유저

시간과 돈을 감안해서 밸런스에 적용하자니 변수는 많아지고 설계는 복잡해진다. 특히 시간과 돈이라는 측면은 상호간에 대척되는 부분이 많기 때문이다. 개발사나 퍼블리셔 입장에서는 당연히 돈을 많이 쓰는 유저가 좋다. 그들이 돈을 써야 수익이 생기고 회사가 운영되기 때문이다. 하지만 돈을 많이 쓰는 유저가 절대적인 다수가 되기는 어렵다. 또한 소수의 그들에게 게임의 대부분이 좌우되기 시작하는 순간, 일반 게임 유저들은 이탈하기 시작한다. 노력으로 극복할 수 없는 '월드'라면 유저들에게는 탈출만이 있을 뿐이다. 이 상황은 많은 돈을 지불해가면서 월드를 지배하는 주인이 된 '네임드' 과금 유저 입장에서도 바람직하지 않다. 게임에 들어갔더니 유저가 별로 없다면 죽은 게임이 되고, 죽은 게임 속 월드라면 흥미를 잃어버리게 된다. 누구도 무인도에서 지배자가 되기를 바라지 않는다. 각각의 입장 차이가 극명한 F2P 게임에서는 시간 위주의 사용 유저와 과금 위주의 사용 유저 간의 갭이 크다. 하지만 가능하다면 그들 모두를 만족시키고 붙잡아둬야 한다. 그래서 밸런스는 어려운 것이다.

모두를 만족시키는 밸런스라는 것이 있을까? 결론적으로 말하면 없다. 하지만 가급적 많은 유저로 하여금 '비교적 공평하다.'라고 느끼게 할 수는 있다. 중국 게임회사의 밸런스가 대체로 그런 고민을 많이 하는 편이다.

일반적인 중국의 F2P RPG에서 밸런스를 유지하는 공식은 전체 500명의 일반 백성이 있는 왕국에 10명의 귀족과 1명의 왕이 있는 구조에서 고민을 시작한다. 여기서 왕과 귀족은 레벨의 상위층이자 실제 지불하는 비용이 매우 높은 유저를 의미한다. 1명의 왕과 10명의 귀족이 쓰는 과금액은 약 5:5의 비율로 잡는다. 즉 전체를 기준으로 약 0.022%가 최상위권 결제를 하는 유저층이라고 판단하는 것이다. 여기서 0.022%는 한 번이라도 결제한 유저를 의미하는 것이 아니라 상당한 과금, 가령 VIP 최상위 등급에 해당되는 유저를 의미한다. 현재 잘 나가는 중국 모바일 RPG 가운데 결제율(단 한 번이라도 결제한 유저의 백분율) 30%가 넘는 게임도 있다. 이 0.022%의 유저는 보통 시간을 많이 쓰면서 돈도 많이 쓰는 유저에 넣고 판단한다. 어떤 형태로든 게임 내에서 (혹은 서버 내에서) 최상위 레벨과 랭킹을 유지하고 자신들의 등급이 떨어지는 것을 견디기 힘들어 하는 승부욕의 소유자다. 이들은 사실 개발사 입장에서는 최우량 고객이다. 그저 그들이 오랫동안 이 게임에 머물고 즐기면서 돈을 써주기를 바랄 뿐이고 그들의 목소리에 최대한 귀를 기울이는 정책을 펼치게 된다.

그다음으로는 시간을 많이 쓰면서 돈을 적당히 쓰는 유저의 그룹이다. VIP 등급으로 따지면 약 5등급 이상의 유저층으로 상위 레벨을 가지고 전체적인 게임의 질서와 흐름을 이끌어가는 계층에 해당한다. 전체 순위 상위 10% 안에 들어가고 게임 내 밸런스에 가장 민감한 계층이다. 좋은 것이든 나쁜 것이든 게임에 대한 여론을 이끌기도 하고 게임에 대한 약점을 찾는 것에도 능수능란하다. 좋을 때는 한없이 좋은 고객이지만 나쁠 때는 '블랙 컨슈머' 못지 않은 까칠한 유저로 언제든 돌변할 수 있다. 사실은 이들 계층의 밸런스 만족도가 게임 전체 밸런스의 바로미터가 되어도 무방하다.

시간을 많이 쓰면서도 돈을 쓰지 않는 유저도 많다. 사실 가장 많은 수의 유저가 이 경우에 해당되고 가장 많은 분석을 필요로 한다. 왜냐하면 초반 유입은 되었으나 게임에 몰입하지 못하고 게임에서 나간 유저는 이탈 유저로 분류되기에, 게임 서비스 초반의 문제점을 파악하는 원인 분석의 대상은 될지언정 운영상에 공을 들이는 대상은 아니기 때문이다. 일반적으로 모바일 게임 서비스를 시작하고 나서 광고를 통하지 않고 자동적으로(본인의 의지에 의해) 게임 내에 들어온 유저를 '오가닉 유저$^{Organic\ User}$'라고 한다. 이 유저들 스스로가 게임을 마음에 들어해 제대로 즐기기 시작하면 '진성 유저'라고 부르는데, 이 진성 유저 중에서 가장 많은 수를 차지하는 이들이 바로 시간은 쓰면서 돈은 거의 쓰지 않는 유저층이다. 이들은 사실상 공짜로 게임을 즐기는 유저층이고 수익에 직접적인 도움이 되지는 않지만 이들이 이탈하면 돈을 쓰는 유저도 함께 이탈하게 된다. 그렇게 되면, 백성 없는 귀족이자 사람 없는 무인도의 지배자가 되는 셈이다.

사실은 시간도 돈만큼 소중한 가치다. 하지만 BM을 설계하는 데 있어서 시간의 가치는 낮은 우선순위로 고려될 수밖에 없다. 그렇다고 시간만 쓰는 유저를 무시할 수도 없다. 또한 이들은 필연적으로 불만이 생길 수밖에 없다. 게임의 BM 설계 구조로 볼 때 돈을 쓰는 유저의 성장 속도를 따라갈 수 없기 때문이다. 당연한 일이다. F2P 게임 내에서 돈을 쓴다는 것은 직접적인 게임 내 재화를 구매하는 것이니 그런 구조에 대해서는 누구도 불평하지 않는다. 보통은 반복적인 시간을 통해 얻을 수 있는 것이 전통적인 방법인데, 그것을 돈으로 해결할 수 있도록 한 것이 F2P 게임의 BM이다. 이 밸런스의 핵심은 시간만 쓰는 유저와 돈을 적당히 쓰는 유저 간의 밸런스를 어떻게 조정하느냐에 달려 있다.

수학 혹은 경제학에 나오는 상관계수correlation coefficient라는 것이 있다. 두 변량인 X, Y 사이에 상관관계를 나타내는 계수를 의미하는데, 이 값은 가령 소득과 소비, 물가와 화폐 발행, 수요와 공급 같이 원인 관계가 분명한 요소의 관계를 측정하는 데 목적을 둔다. 이 값은 -1에서 1 사이에 존재하고 있고 1에 가까울수록 양에 가까운, 이를테면 매우 높은 관련성이 있다고 분석한다. 그리고 -1에 가까울수록 음의 관련성, 즉 관련이 전혀 없다는 쪽으로 분석한다. 중국 BM에서 가장 많이 고려해야 하는 대상인 시간만 많이 쓰는 유저와 돈을 적당히 쓰는 유저의 상관계수를 고민하면서 그 상관계수 값을 찾아낸다면 밸런스에 대한 해법이 나올 것이다.

경쟁심

게임을 즐기는 데는 여러 가지 이유가 있고, 그 이유는 시대와 장르 그리고 국가에 따라 각각 달라진다. 가령 90년대 닌텐도나 플레이스테이션 같은 게임기를 즐기는 유저는 여가 생활이자 레저를 즐기는 쪽에 가까웠고 스트레스를 해소하는 데 목적이 있었다면, RPG를 즐기는 유저는 게임 속 가상 세계와 캐릭터에 '물아일체物我一體'가 되는 경향이 높은 편이었다. 하지만 온라인 게임을 즐기는 유저, 다시 말해 타인과 더불어 게임을 즐기는 시대로 넘어간 이후부터 게임 플레이를 위한 가장 큰 동기는 바로 '경쟁심'이다.

대부분의 인간은 어떤 게임에서든 지는 것을 좋아하지 않는다. 승부 혹은 경쟁에서 이긴다는 것은 인간에게 만족감을 주며, 이기기 위해서는 그 과정에서 노력을 수반해야 한다. 여기서 이기고 싶은 그 마음을 일컬어 경쟁심이라고 한다. 이긴다는 목표는 결과 값이고 그 과정은 경쟁을 통해 얻게 되는 보상이다. 나 홀로 여가를 즐기는 문화에서 본격적인 경쟁의 시대로 돌입한 것은 온라인 게임 시대가 본격적으로 열린 이후부터였고, 그 경쟁심은

F2P 게임의 BM을 만들어내는 핵심적인 요소가 되었다. 시간의 투자와 조작 능력이라는 노력의 결과물을 F2P 시대에는 비용의 결제를 통해 얻고자 한 것이다. 그리고 이러한 심리는 한국과 중국에서 좀 더 강력하게 작용되었다. 다만 돈 버는 방식에 있어서 한국의 것이 어느 정도 체면을 고려한 부분이 있다면 중국의 그것은 좀 더 노골적이라는 차이점이 있을 뿐이다. 하지만 경쟁심이라는 측면에서 두 국가의 유저 모두 활활 불타오를 정도로 뜨겁다.

가령 현재 중국과 한국을 강타한 〈전민기적〉, 〈뮤 오리진〉의 경우 이러한 경쟁심의 요소가 극한에 이르렀다는 평가를 받고 있다. 끝없는 양육강식의 경쟁과 부익부 빈익빈 형식의 경쟁 구조는 그야말로 말초적인 경쟁이라는 말이 어색하지 않을 만큼의 경쟁을 유도하기 때문이다.

〈전민기적〉의 핵심은 끝없는 성장과 경쟁인데, 레벨에 따라 제공되는 능력치와 아이템 강화는 기본이고 스킬 향상, 날개 성장, 투기장에서의 명예점수, 업적점수, 별자리 활성화 등 캐릭터를 성장시키는 방법이 매우 다양하다. 심지어 아무것도 하지 않거나 게임을 종료한 상태여도 명상이라는 명목의 경험치를 줄 정도이니 캐릭터 성장에 관련해서는 '24시간 성장(중국어로는 방치형 RPG라고 하며 새로운 장르로 인정받는다.)'이라는 말에 충실할 만한 대단한 성장 방식을 택했다.

다만 그 성장이 일종의 중독으로 다가가 경쟁으로 이어지게 된다. 성장이 완화되는 시점에 유저는 모든 성장에 있어 '캐시'를 사용하고 싶은 욕망에 빠져드는 것이다. 캐시 아이템만 있다면 플레이하지 않아도 들어오는 명상 경험치를 4배로 받을 수 있고, 전날 클리어하지 못한 필수 이벤트도 100% 경험치를 받을 수 있다. 특수 던전의 보상은 3배로 증가하고, 일반 던전은 횟수를 무시하고 무한 플레이가 가능하다. 즉, '플레이어의 노력'을 캐시를 활용하면 완전 새로운 게임처럼 즐길 수 있다는 것이다. 그 모든 것이 빠른 성장과 관련된 경쟁을 유도하는 설계에서 비롯되었다.

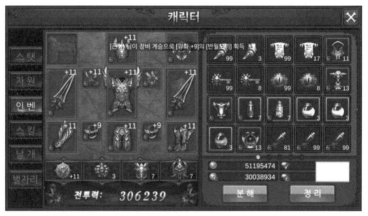

▲ 〈뮤 오리진〉의 최고 등급 유저. 극도화된 경쟁에서 승리한 유저다.

또한 특정 유저가 독식할 수 있는 콘텐츠가 많다. 대표적으로 '악마의 광장'과 '필드 레이드'다. 악마의 광장은 환생 단계의 유저 10명이 경쟁하는 곳인데, 가장 많은 데미지를 준 유저 1명에게 최고급 아이템을 몰아주는 형식이다. 전형적으로 '고렙'이 다 먹을 수 있는 구조이니 유저들은 돈을 써가면서 성장에 목을 메는 것이다. 쉽게 이야기해서 돈을 쓰지 않거나 적게 쓴 유저가 악마의 광장이나 필드 레이드에서 독식할 가능성은 제로에 가깝다. 게다가 악마에 광장에서 획득한 아이템은 캐시로 재판매가 가능하다는 점은 유저들이 더욱 매달리는 추가적인 이유를 제공한다.

즉, 경쟁심은 유저가 결제해야 할 가장 원론적이고 핵심적인 동기부여다. 느긋하게 기다려도 결국은 올라갈 수 있도록 밸런싱하는 것과 혹은 지금 당장 못 견디도록 부추기는 것이 차이점이고 어떤 방식을 택할지는 선택의 문제다. 〈전민기적〉의 경우는 지금까지 봤던 극한의 경쟁심 유도 가운데 최고조에 다다른 느낌이다.

경쟁심을 자극하는 게임 내 주요한 콘텐츠로 흔히 PVP 모드가 있다.

PVP 모드는 유저 간에 대결을 펼치는 것이다. 유저 간의 캐릭터끼리 가장 심플한 방식으로 승부를 가리는 모드인데 한국의 게임은 주로 이겼을 때의 즐거움이 좀 더 강조가 되는 반면, 중국의 게임은 졌을 때의 분노가 좀 더 두드러지게 작용하는 편이다.

일반적으로 게임에서의 결제는 계획적인 결제와 충동적인 결제로 나뉜다. 계획적인 결제는 주로 그 결제를 통해 얻는 보상이 좀 더 확실할 때 이뤄진다. 가령 이벤트 기간이거나 스페셜 한정 패키지를 판매하거나 혹은 어떤 VIP 등급이 가장 합리적으로 소비한다는 확신이 있을 경우에 하는 결제가 계획적인 결제다. 하지만 충동적인 결제는 말 그대로 무계획적인 결제다. 그리고 그 충동의 원인은 대게 PVP에서 졌을 때 분비되는 아드레날린성 분노에 기인하는 경우가 많다. 단 한 번의 업그레이드만 하면 이길 수 있을 것 같은데 딱 하나의 강화 재료가 없을 때 유저는 망설임 없이 2.99달러를 결제하게 된다. 그 2.99달러의 소비를 통해 분노의 아드레날린을 가라앉히고 유저는 마음의 평화를 찾는 것이다. 물론 그러고도 졌다면 분노는 더 커지겠지만 의외로 밸런스는 정직해서 그다음에는 이긴다. 그래야 만족도가 생겨서 다음 결제가 이뤄지니까….

극단적인 대결인 PVP가 아니더라도 경쟁심을 자극하는 요소는 많다. 대표적으로 랭킹이라는 것이 있다. 랭킹은 오락실 시대에 100원짜리 동전을 하나 넣고 이름을 남기는 것만으로도 충분하게 동네 꼬맹이들의 도전욕을 자극했던 항목이다. 호랑이는 죽어서 가죽을 남기고 게임 유저는 엔딩을 본 후 이름을 남기는 것이다. 현대의 온라인 게임에서는 유저별 랭킹이라는 것을 남긴다. 닉네임 '대마왕'이 랭킹 1위의 유저라면 그 유저는 그 자체로 '네임드'가 된다. 그리고 게임 내에서 추앙받는다. 2, 3인자들이 호시탐탐 노리긴 하지만 어지간해서는 누구도 도전하지 못한다. 1인자 자리가 탐나나 1인자에게 깨지는 것은 두렵다. 이런 심리가 게임 유저들의 로망이다. 간혹 특정 게임에 억 단위 금액을 지불한 유저가 나오기도 하는데 (한국식 통합 서버의 경우) 랭킹 100위 안에 들어가기 위해서는 적어도 수천만 원을 투자해야 한다. 〈도탑전기〉나 〈전민기적〉 같은 중국 게임의 서버별 랭킹 100위 안에 들기 위해서도 최소 수백만 원을 써야만 한다. 보통 사람에게는 이해하기 힘든 일이지만 돈이 있고 시간이 있고 그 게임에 빠졌다면 충분히 그럴 수 있다. 그 동기는 누구도 넘보지 못할 넘버원이 되어 게임 내 타 유저들이 우러러보게 하고 싶은 욕망에서 비롯된다. 오프라인이든 온라인이든 인간의 욕망은 대동소이하다.

　여담이지만 내가 개발해서 중국에서 서비스하던 〈격투지성〉이라는 위치 기반의 게임이 있었다. 무술을 익혀서 주변의 도장을 격파하는 PVP 중심의 게임이었는데 어떤 30대 여성 유저가 돈을 많이 쓰는데도 불구하고 (여성이다 보니) 게임 스탯 등에 익숙치 않아 패배가 많았다. 이 유저가 어느 날 회사까지 직접 찾아왔다. 그녀의 아버지는 중국 공산당의 고위관료였고 남편은 거대 공기업의 임원이었다. 현실에서는 판타지적인 삶을 살던 여성이 게임 내에서 돈으로도 해결하지 못하자 분노에 차서 '게임회사를 인수하겠다.'는 제안까지 했던 것이다.

▲　궁극의 PVP 게임인 〈격투지성〉

　드라마 같은 멋진 모습은 아니었지만 '얼마면 되겠어?'라고 어마어마한 제안을 던진 그녀의 모습에서 그동안 게임을 통해 받은 스트레스가 얼마나 컸는지 알 수 있었고, 또한 이기기 위해서는 무엇이든 할 수 있는 열혈 유저가 존재한다는 사실을 다시금 확인할 수 있었다. 이처럼 경쟁심은 분노를 유발하고 어떤 형태의 소비도 하게끔 만드는 자극적인 요소인 것이다. 내 회사의 인수 건은 해프닝으로 끝났다. 왜냐하면 〈격투지성〉의 글로벌 퍼블리셔는 게임빌이기 때문이다. 개인이 아무리 부자라도 게임빌이라는 회사를 인수하기에는 무리가 따를 테니…. 후일담이지만 게임빌 인수에 실패한 그 여성 유저는 이후에는 이 게임의 중국 판권을 자신에게 팔라는 스팸성 메시지를 수시로 보내며 운영팀을 괴롭혔다.

모바일 게임의 PVP가 유저 개인 간의 대결이라면, 이것을 그룹(길드) 간의 대결로 만들어 경쟁을 유도하는 방식도 중국에서 먼저 발전하기 시작했다. '길드 대전'은 온라인 게임 시대에 최고의 인기 콘텐츠였다. 공성전이라는 대규모 쟁탈전의 형태로 발전하기도 했고, 그것보다 작은 규모로 수십 명이 참여하는 소규모 대전도 존재했다. 물론 이러한 대규모 전투의 구현에는 상당한 기술적 장벽이 있으므로 모바일에 적용하기가 쉽지 않았다. 네크워크 환경의 문제도 있고 디바이스의 스펙도 문제가 되었다.

한국과 일본이 최적화된 모바일 방식을 고민하는 동안 극단적인 실리를 추구하는 중국에서는 이런 콘텐츠의 형식만 집어넣어 비슷한 느낌을 살려주고, 대신 그것을 통해 BM으로 만들어가는 데 주력했다. 초창기 웹 게임의 경우처럼 조악했지만 그래도 더불어서 경쟁한다는 느낌을 전달했다. 아울러 길드 전용 상점 같은 것도 BM으로 나왔다. 이 길드 전용 상점은 소속감을 심어주고 내가 열심히 길드 활동을 해야 할 이유도 제공하며, 그렇게 얻은 보상은 개인에게도 이익이 되기 때문에 길드 활성화를 꾀하는 효과적인 '한 수'가 되었다.

경쟁심이 효과적인 BM 설계를 위한 요소임은 분명하지만 설계 과정은 신중해야 한다. 특히 노골적으로 돈이 많은 유저에게만 승리를 안겨주는 형태로 귀결된다면 시간을 주로 쓰는 유저들, 이른바 '백성 유저'들의 이탈이 가속화된다. 게임 자체가 '이기려면 돈을 내라.'는 단순한 원리로 정리되기 때문이다. '돈을 쓰면 이길 확률이 높다.'까지는 용인되어도 '돈을 안 쓰고는 절대로 이길 수 없다.'로 결론 난다면 곤란하다.

대형 회사의 경우, 단기적인 처방으로 최초의 대규모 마케팅 비용을 투입해 유저의 대량 유입을 이끌어내고, 이후 노골적인 경쟁심 유발로 현금 구매를 많이 유도한다. 또한 유저들이 저쳐갈 무렵에는 신규 서버를 증설해 새로운 경쟁을 유도하는데, 〈전민기적〉이 바로 이와 같은 방식으로 성공한 게임 사례다. 하지만 게임의 중장기적인 라이프사이클을 위해서는 적절한 처방이 필요하다고 개인적으로 판단한다.

이 곤란함을 해결하기 위한 방법으로 승부에 직접적인 영향을 미치는 아이템의 경우 기간제 아이템을 도입하거나 사용 횟수에 제한을 두는 소모성 아이템으로 설계하는 것이 효과적이다. 실제 텐센트가 BM을 설계한 대다수의 캐주얼 게임들은 성능을 높여주는 기간제 아이템과 소모성 아이템으로 경쟁심을 자극하면서도 반복적인 구매를 이끌어내 큰 수익을 거뒀다.

하지만 기간제 아이템과 소모성 아이템 역시 만능 처방전은 아니다. 엔씨소프트가 개발하고 텐센트가 중국에서 서비스한 〈블레이드 앤 소울〉은 지나치게 많은 기간제 아이템과 소모성 아이템을 사용해 유저들의 반발과 이탈을 초래한 사례로 꼽힌다. 무협을 소재로 했고 한국 최고의 개발사가 만든 작품인지라 중국에서 수년 동안 가장 많은 관심을 받았던 〈블레이드 앤 소울〉은 오픈 초기에는 동시접속자 150만 명을 돌파하는 등 최고의 인기를 구가했다. 하지만 MMORPG임에도 캐주얼 F2P의 BM인 기간제 아이템과 소모성 아이템을 주로 적용한 탓에 유저들로부터 원성을 샀다. 이는 PC MMORPG를 즐기는 유저는 여전히 충분한 시간을 들여 콘텐츠를 장기간 즐길 준비가 되어 있음을 간과한 결과였다.

▲ 중국판 〈블레이드 앤 소울〉

이후 중국판 〈블레이드 앤 소울〉을 즐기던 중국 유저들의 상당수가 한국판 〈블레이드 앤 소울〉로 옮겨와서 월 정액제로 게임을 즐기게 되었다. 덕분에 한국 〈블레이드 앤 소울〉의 유저 수도 늘었지만, 정작 이 게임을 통해 가장 재미를 본 곳은 중국에서 한국판 〈블레이드 앤 소울〉이 막혀 있고 한국어를 모르는 중국 유저들이 제대로 게임을 즐기기 어려운 점을 고려해서 사설 VPN을 제공하고 엔씨소프트 결제 대행을 해준 업체들이 아니었을까 싶다. 이 상황은 황금광 시절 광산에서 금을 캐던 광부들보다 광산 입구에서 작업 도구와 청바지를 팔았던 상인들이 돈을 더 많이 벌었던 이야기를 연상시키는데, 이와 비슷한 사례는 현재도 종종 찾아볼 수 있다.

합리성과 순환성

유저의 소비는 합리적이다. 어떤 물건(재화)을 구매하더라도 인터넷 가격 비교 사이트에서 열심히 최저가 판매자를 찾아서 꼼꼼히 따져본 후 구매를 결정한다. 물건이 아닌 서비스(용역)를 이용하는 경우, 이를테면 호텔이나 여행 상품, 피부관리숍, 레스토랑 등을 예약하는 경우에도 각종 이용 후기들을 찾아서 꼼꼼히 비교한 후 결정한다. 구매에 대한 유저의 합리성은 소셜 커머스라는 공동구매의 형식을 통해 가격 단가를 낮추는 전자상거래 마켓의 발전을 가져왔고, 오프라인에서도 최저가 경쟁으로 손님들을 끌어모으게 만들었다. 그만큼 유저들의 소비에서 가격이야말로 가장 민감한 부분이며 합리적인 소비인지를 따지게 된다. 따라서 공급자는 그런 유저의 합리성을 맞춰주는 쪽으로 발전해나간다.

그런데 과연 유저의 소비가 늘 합리적일까? 우리는 월급날이 되면 월급날이라 '지르고' 싶고 월초에는 월초라 '지르고' 싶고 기쁠 때나 슬플 때도 그 기분에 따라 '지르고' 싶다. 사실 소비의 형태는 매우 감정적으로 나타나며, 즉흥적인 기분에 따라 구매하는 경우도 많다. 집에서 직접 조립할 일이 극히 드문데도 남성들은 비싼 보쉬 전동드릴을 주문하고 싶어 하고, 여성들은 인터넷에서 주문하는 것보다 100배 비싼 명품 가방을 구매하길 원한다. 그냥 집에서 TV 홈쇼핑을 시청하다가 자신도 모르게 주문하는 경우도 많다. 이런 맥락에서 볼 때 소비자의 구매는 전혀 합리적이지 않다.

하지만 유저의 소비가 충동적일지라도 매력적이지 않은 상품을 구매할 정도로 멍청하지는 않다. 그러므로 상품 자체의 필요성 유무와는 별개로 유저에게 상품의 매력을 충분히 전달해야 한다. 그래야만 유저는 스스로 합리적 소비를 했다고 착각하게 된다. 유저의 충동적인 소비에서 가장 중요한 전제가 바로 합리적인 소비를 했다고 착각하게끔 만드는 것이다.

〈도탑전기〉를 보면, 유저가 그런 합리적인 소비를 했다고 믿게끔 BM이 잘 설계되었다.

가장 먼저 등장하는 것은 한정판 월 정액제 판매 방식이다. 월 정액제는 온라인 MMORPG 시대에나 있던 결제 방식으로, 모바일에서는 모바일판 〈월드 오브 워크래프트〉라 평가받던 〈오더앤카오스〉 같은 게임을 제외하고는 거의 없었는데 〈도탑전기〉를 통해 새롭게 부각되었다.

유저가 결제하면 게임캐시를 지급하는 것이 일반적인 방식인데, 〈도탑전기〉에서의 한정판 월 정액제는 30일 동안 매일 정해진 보석(게임캐시)을 제공한다. 하루에 120개씩 30일 동안 총 3,600개의 보석을 지급하는 방식이다. 일반 충전 결제에서와 동일한 금액으로 보석 240개를 지불하는 방식이니 무려 15배의 차

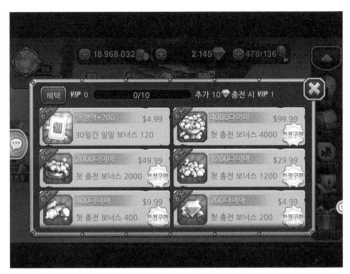

▲ 합리적 결제라고 믿게 만드는 〈도탑전기〉

이가 있다. 더욱이 오직 한 번만 구매할 수 있는 한정 상품이다.
유저 입장에서는 이런 구매를 놓쳐서는 안 되고 구매한 후에는
철저하게 합리적인 소비를 했다고 믿게 된다. 그 덕분에 비교적
손쉬운 첫 번째 결제에 도달하게 된다. 합리적 구매라는 스스로의
판단은 결제에 대한 부담과 고민을 한 번에 날려버린다.

　이 과정에서 게임 개발사 입장에서 가장 매력적인 것이 추가
되는데 바로 최초의 구매를 하도록 만드는 데 성공했다는 사실이
다. F2P 게임 시대로 넘어와서 게임회사들은 저마다의 방식으로
BM을 설계하는데, 그 과정에서 가장 어려움을 호소하는 부분이
바로 첫 번째 결제다. 하지만 이 장벽을 넘어서면 이후의 추가 결
제율은 매우 높아진다. 왜냐하면 유저들은 특히 첫 번째 구매 결
정을 내리는 것을 힘들어하기 때문이다. 이 힘든 결정을 내리게

되면 시간과 비용을 모두 투자하는 적극적 유저로 전환된다. 즉, 대다수의 F2P 게임을 즐기는 사람들은 돈 한 푼 안 쓰지만 한 번 구매한 유저는 추가로 구매하게 될 확률이 매우 높다. 〈도탑전기〉에서는 가장 매력적인 상품을 전면에 내세워 이런 구매에 대한 장벽을 부숴버리는 전략을 선택했다. 이전까지 누구도 시도하지 않았던 성공적이고 혁신적인 BM이었다.

아울러 유저의 리텐션(재방문율)을 높이는 데도 결정적이다. 유저 리텐션은 최근 모든 개발사가 가장 고민하는 지표다. 발매되는 모바일 게임이 워낙 많다 보니 경쟁에서 살아남기 위한 첫 번째 필요조건이 유저들을 붙잡아두는 것이고, 그것을 가장 객관적으로 체크하는 지표가 리텐션이기 때문이다. 일단 유저 리텐션을 높이면 매출을 올리는 방법은 다양하다. 〈도탑전기〉의 이 월 정액제는 적어도 30일 동안 유저가 보석(게임캐시)을 받기 위해 꾸준히 방문해야 할 명확한 이유를 제시한다.

30일간의 정액제용 보석을 소진하고 나면 두 번째 구매를 고민하게 된다. 이미 첫 번째 결제를 했기에 두 번째 결제에 대한 심리적 부담감은 줄어든 상태다. 무엇이든 처음이 어렵지, 그다음부터는 손쉬운 법이다. 두 번째 결제부터는 월 정액제 상품은 사라지고 건당 구매를 해야 한다. 건당 구매는 여타의 모바일 게임에서 이용되는 결제 방식과 유사한데, 여기서도 합리적 소비를 했다고 믿게끔 상품이 구성된다. 1회 한정의 건당 결제와 일반 건당 결제로 구분된다. 1회 한정의 건당 결제는 추가로 지불하는 덤(보너스)의 비율이 월등히 높아지게 된다.

구분	가격(위안)	기본 지급	보너스	총 획득	1위안당 보석
월 정액제	25	3,600	0	3,600	144
건당 결제 (1회 한정)	648	6,480	6,480	12,960	20
	198	1,980	1,980	3,960	20
	30	300	300	600	20
	1,998	20,000	5,000	25,000	12
건당 결제 (일반)	328	3,280	600	3,880	11
	98	980	80	1,060	10
	6	60	0	60	10

▲ 〈도탑전기〉의 충전 결제 지급 비율

유저의 입장에서는 당연히 월 정액제 〉 건당 결제(1회 한정) 〉 건당 결제(일반 판매)의 순서로 결제하게 되어 있다. 그리고 그 결제가 대단히 만족스러울 것이다. 매번 최고의 선택을 했다는 믿음을 심어주기 때문이다.

여기에 추가로 '덤'이라는 것이 주어진다. 구매 비용이 클수록 할인율을 적용하기보다는 추가로 지급해주는 보석의 양이 많도록 구성되었다. 이 방식도 한국의 그것과 다르다. 한국의 BM은 한 번에 결제 금액이 클수록 할인률을 적용한다. 즉, 한 번에 고액의 결제를 유도한다. 이 차이점을 고려할 때, 한국의 경우 소수의 '헤비 과금러'가 한 번에 결제 상품을 구매하는 것이 더 유리하다. 반면에 중국의 경우, 소액이든 고액이든 각 결제가 적절한 비율로 덤을 주니 한 번에 고액을 결제하기가 부담스러운 유저들은 소액을 반복해도 부담이 없도록 유도할 수 있다. 이는 모바일 게임 BM 설계에서 순환성이라는 항목으로 연결된다.

결제를 많이 하는 유저들은 흔히 '게임 속에서 놀 거리가 별로 없다.'고 불평한다. 유저들에게 이러한 불평이 나오면 개발자들은 억울해하고 운영자들은 두려워한다. 결제한다는 것은 '콘텐츠의 소모 속도'가 빨라진다는 것을 의미한다. 아무리 완벽한 밸런스를 갖춰도 돈을 많이 쓰는 유저의 속도를 따라갈 수는 없다. 그렇기 때문에 개발자는 억울한 것이다. 반면에 콘텐츠가 있으면 더 결제할 텐데 이미 콘텐츠가 모두 소모되어 더 판매할 것이 없으니 운영자들은 아쉬워한다.

이런 까닭에 BM 설계에서 가장 유의해야 할 점은 완성형 아이템을 한 번에 비싸게 판매하지 않는 것이다. 내가 개발하고 서비스했던 〈파이터시티〉라는 게임에서는 초반에 3만 원짜리 공격용 장갑을 구매하면, 이후부터는 추가 결제 없이도 너무 무난하게 모든 스테이지를 클리어하고 상위 랭커가 될 수 있는 BM 설계상의 실수가 있었다. 당시만 해도 스마트폰 게임 초창기였던 터라 '모바일 게임을 하며 3만 원씩이나 하는 아이템을 단숨에 구매하는 유저들이 얼마나 있겠어?'라고 다소 안이하게 생각했던 탓에, 대다수 과금 유저들이 1차 구매를 하고 난 이후에는 추가 구매가 끊겨버리는 치명적인 결과를 낳았다. 결국 이 게임은 출시 첫 주에 매출 랭킹 2위까지 올라갔으나, 그 이후에는 매출이 끊임없이 떨어졌다. 순환성을 무시한 대가였다.

한 번에 많이 쓰는 것보다 적게 쓰더라도 자주 쓰게 하는 것이 중요하다. 다시 말해서 상품을 비싸게 파는 것보다 상품을 꾸준하게 구입할 수 있는 구조를 만드는 것이 더 중요하다는 의미다. 내 견해로는 한국의 모바일 게임들은 '꾸준히'보다는 '비싸게'라는 쪽에 설계가 집중된 경향이 있다.

〈도탑전기〉의 경우 이 순환적인 소비의 구조도 완벽하게 짜여 있다.

▲ 〈도탑전기〉의 유료 순환 구조

현금으로 보석을 충전했는데 할 수 있는 것이 별로 없다면 실패한 BM이다. 한 번 결제하고 나서 추가 결제의 이유가 없어져도 실패한 BM이다. 결제하지 않고는 절대 이 게임을 즐길 수 없다는 좌절감을 유저에게 안긴다면 이 또한 실패한 BM이다. 성공한 BM은 꾸준한 결제가 이뤄져야 하고 결제하더라도 불만이 없어야 한다. 게임 내에서 꾸준하게 할 것이 많기 때문이다. 보석을 많이 보유해도 소모할 곳이 많다면 유저는 추가 결제가 아깝지가 않다고 생각하게 된다.

〈도탑전기〉는 월 정액제를 이용하고 추가 덤을 많이 받아도 늘 보석이 부족함을 느낀다. 결제를 통해 게임의 향상된 편의성을 처음으로 경험하고 나면 신세계가 열린다. '시간이냐, 돈이냐?'의 고민에서 시작하지만, 점점 돈으로 자신의 시간을 벌고 귀찮음을 줄이는 쪽으로 판단하게 되고 이는 유저들 스스로의 정신 건강에도 큰 도움을 준다.

모든 것을 돈으로만 해결할 수 있게 한다면 게임의 재미와 가치는 떨어진다. 게임의 순환 구조는 게임의 레벨 업이 유료 BM뿐만 아니라 시간 투자도 적절히 병행되도록 설계되어야만 완전한 밸런스를 이룬다. 이 시간에 대한 순환 구조는 궁극적으로는 유료 BM에도 영향을 준다. 가령 〈도탑전기〉에서 PVP 랭킹의 상위권은 주로 과금 유저들이 차지하는데, 이들은 충분한 돈 말고도 시간을 함께 투자해야 이 랭킹을 유지할 수 있다. 시간만 꾸준히 투자하는 무료 유저들이 하루에 주어진 미션만 수행해도 꾸준히 레벨 업을 할 수 있도록 구성되었기 때문인다. 이런 헤비 과금러 입장에서는 며칠만 방심해도 금세 따라오는 후순위 랭커들의 추격을 실감하게 된다.

〈도탑전기〉에서 유저 레벨은 일일 미션의 완성을 통해 성장하고, 이것만큼은 절대적인 시간의 투자를 필요로 한다. 매일 매일 접속해서 각종 이벤트 미션을 완료하면 각각의 경험치를 얻고 유저 레벨이 성장한다. 이 유저 레벨이 성장해야 캐릭터 레벨도 성장시킬 수 있는데 캐릭터 레벨의 경우 전투를 통한 경험치 획득을 기본으로 하는 것 같지만 사실은 치즈, 물약 등을 복용해야 좀 더 빠르게 성장한다. 즉, 이 경우는 과금 유저가 절대적으로 유리하다. 치즈나 물약을 구매해서 내 캐릭터에게 복용시키면 레벨 업이 되고 혹은 던전이나 PVP 횟수, 활동 스태미너 등도 과금 유저의 경우는 혜택이 주어지니 캐릭터 레벨 업에는 확실히 유리하다. 유저 레벨은 무조건 시간의 투자가 필요하지만, 캐릭터 레벨은 돈을 투자하면 더 유리해진다는 순환 구조는 과금 유저나 무과금 유저 모두가 납득할 만한 성장 구조를 제시하는 셈이다. 이렇듯 순환 구조는 비교적 공평하다는 인식에서 과금 유저에게 적절한 어드밴티지를 주는 쪽으로 설계해야 한다.

▲ 〈도탑전기〉의 일일 이벤트. 이 일일 미션을 해결해야만 유저 레벨을 올릴 수 있다.

과금 유저를 위한 순환 구조든, 무과금 유저를 위한 일일 이벤트의 순환 구조든 간에 핵심은 콘텐츠다. 유저는 때로는 불필요한 물건을 충동적이고 즉흥적인 형태로 구매하지만, 매력 없는 물건을 구매하지는 않는다. F2P 게임 내에서 매력 있는 물건이란 바로 콘텐츠다. 콘텐츠가 유저에게 재미를 주면 유저는 그 콘텐츠를 위해 기꺼이 소비한다. 아무리 잘 짜인 BM도 콘텐츠가 재미없으면 아무런 의미가 없고, 콘텐츠가 재미있어도 BM이 제대로 짜여지지 못했으면 돈을 벌 수 없다. 콘텐츠와 BM은 F2P 게임 시대에는 게임 개발사를 지탱해나가는 가장 큰 축이다. 그리고 회사의 생존과 성장에도 가장 밀접한 연관성을 지닌다.

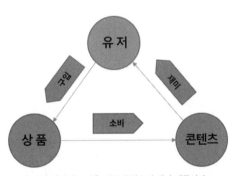

▲ 유저가 결제하는 것은 결국 콘텐츠의 재미 때문이다.

확률과 보상 가치

최근 한국에서는 이른바 '확률형 아이템 규제 법안'이라 불리는, '게임 진흥에 관한 법률'을 일부 개정하는 법안이 발의되었다. 그 내용을 요약하면, 확률형 아이템에서 획득 가능한 아이템의 종류와 구성 비율, 획득 확률 등을 공개하는 것이다. 이 법률 개정은 한국의 게임회사 입장에서는 사실 치명적일 수밖에 없다. 이를 통해 재미가 반감되는 것도 심각하지만 매출에도 큰 악영향을 미칠 것이란 의견이 중론이다. '뽑기'를 하는 유저의 심리상 '내가 원하는 고급 아이템이 나올 확률이 1%도 안 된다.'면 아무래도 구매를 망설이는 게 당연하기 때문이다. 이는 로또 복권을 구입하는 심리와도 비슷하다. 내가 당첨될 확률이 매우 낮다는 정도만 아는 경우와 당첨 확률이 0.000001%라고 수치상으로 정확히 아는 경우는 매주 복권을 구매하는 의지 측면에서 아무래도 차이가 날 수밖에 없다.

하지만 이런 법안이 발의될 정도로 한국 게임의 확률 문제는 심각했다. 비공식적인 '카더라 통신'에서는 심지어 유저가 원하는, 그래서 구매 의지를 불태우는 최고급 아이템의 유료 뽑기 확률이 0%라는 말이 나올 정도였다. 원래 뽑기의 원조격인 일본의 '가챠'도 빠찡꼬를 연구하는 과정에서 나온 결과물일 정도로 뽑기 시스템은 기본적인 사행성을 가진다. 그런데 그마저도 확률 자체가 극도로 낮거나 밸런스를 위해 수시로 확률을 바꾼다면, 유저들에 대한 일종의 기만 행위가 될 수도 있다. 그럼에도 불구하고 한국의 유저들은 이러한 낮은 확률의 뽑기에 어느 정도 단련되어 있다. 뽑기, 강화, 진화, 초월 등 수많은 성장의 요소들이 확률에 의해 좌우되는 게임들을 여지껏 해왔기 때문이다. 물론 아직까지 그 확률은 공개되지 않았다. 다만 매우 낮을 것이란 추측만 있을 뿐이다.

중국인들은 도박을 좋아한다. 온라인 도박이 금지되어 있고 카지노도 금지되어 있지만 여전히 도박을 좋아한다. 또한 도박에 능하다. 마카오의 카지노에 가보면, 한국인과 중국인의 도박을 즐기는 스타일에 다소 차이가 있는 것을 알 수 있다. 한국인은 좀 더 감정적으로 자신의 한도를 초과해 베팅하는 모습을 보여주지만, 중국인들은 좀 더 철저히 계산적으로 베팅하는 편이다. 여기서 계산적이라는 말은 확률을 좀 더 많이 고민한다는 의미다. 이길 확률과 질 확률을 계산해 베팅 액수를 조정하면서 게임을 운영한다. 간혹 감정적으로 베팅하는 중국인들을 보는 경우도 있지만, 이들은 돈에 구애받지 않는 부류다. 심지어 부자지간이 함께 와서 아버지가 자식에게 도박을 가르키는 경우도 있다. 도박으로 인해 패가망신하지 말라는 의미에서다. 돈을 딸 때나 잃을 때나 가급적 동일한 마음을 가지고, 정해진 액수를 모두 잃으면 흔쾌히 일어날 수 있는 절제력을 기르는 셈이다.

확률형 아이템이 주요한 BM인 모바일 게임에서 중국인들은 게임상에 등장하는 여러 확률이 가급적 예측 가능한 범주 내에 있기를 바란다. 계산되지 않는 확률이나 극악무도한 뽑기 확률은 유저들의 통제 범위 밖이고 이런 경우 노력(시간, 돈) 대비 효과가 매우 적다고 생각한다. 사실은 경험치 획득과 이에 따른 캐릭터의 레벨 업, 아이템을 착용했을 때의 효과까지도 일일이 계산하는 유저들이 한국에 비해 많다. 당연히, 돈을 써서 뽑기를 하는데 그 확률에 민감하지 않을리가 없는 것이다.

차라리 비싼 것은 큰 문제가 아니다. 비싼 가격에 확실한 보상이라면 중국의 유저들은 납득한다. 경제적인 능력이 되는 사람은 비싸더라도 돈을 들여 구매하는 것이고, 그렇지 않으면 시간을 투자한다는 개념까지는 확실히 정립되어 있다. 하지만 확인(계산)할 수 없는 낮은 확률의 불확실성에 투자하는 것에는 망설인다. 가령 1,000위안짜리 뽑기를 통해 S급 아이템을 100% 얻는 경우와 10위안짜리 뽑기를 통해 랜덤한 확률로 S급, A급, B급, C급 가운데 하나의 아이템을 얻는 경우가 있다면 중국 유저들은 전자를 선택할 것이다. 게임의 성격상 뽑기를 도저히 포기할 수 없다면, 한국식 뽑기와 같은 낮은 확률을 적용하는 대신에 차라리 가격을 올리고 확률을 납득 가능한 수준으로 조정하는 편이 중국 유저들에게 환영받는 길이다.

〈도탑전기〉나 〈전민기적〉은 이런 면에서도 영리했다. 물론 이 게임들에도 확률 요소가 들어간다. 〈도탑전기〉의 경우 아이템 뽑기가 역시 랜덤형이고, 〈전민기적〉의 경우에도 엄연히 아이템 강화의 확률이 존재한다. 하지만 〈도탑전기〉의 경우 확률형 뽑기에 등장하는 모든 아이템은 뽑기가 아닌 여타의 다른 노력으로도 구할 수 있다. 상점뿐 아니라 던전, PVP, 길드를 통해 얻을 수 있고 심지어 어떤 경우에는 출석을 통해서도 얻게 되어 있다. 그리고 모든 캐릭터와 아이템에는 가치가 부여되었다. 최소한의 확률에 분노한 한국 유저들 입에서 종종 나오는 '맙소사, 이런 쓰레기템을 주다니~'라는 말이 나오지 않도록 설계되어 있는 것이다. 〈전민기적〉의 경우에는 아이템 강화에 확률이 존재한다. 하지만 월드맵에서 사냥을 통해 얻는 아이템 파밍Farming이 단순 스테이지 던전형에 비해 광활하게 움직이는 기분이 있고, 강화석은 당연히 과금 유저가 절대적으로 유리하지만 무과금 유저도 시간 투자 대비 확보가 가능한 수준으로 되어 있다. 유저들 입장에서는 시간과 돈을 어느 정도 사용해야 원하는 강화를 할 수 있는지에 대한 예측이 비교적 쉽고 통제 가능하다는 의미다. 절대적인 운(확률)에 의거한 것이 아니라 파밍(노력)에 의한 것도 포함되기 때문이다.

게임을 하며 유저들이 결제하는 것은 원활한 플레이를 하거나 남보다 빠른 플레이를 하기 위해서다. 그리고 결제의 효과가 즉각적으로 나타나기를 바란다. 그래야 돈을 쓴 보람이 있기 때문이다. 가령 내가 개발자의 의도적인 난이도 조정이든 우연이든 간에 어떤 스테이지에 오랫동안 막혀 있을 경우라면 결제에 대한 유혹을 느끼고 되고, 결제 이후 그 구간을 클리어했을 때 만족도가 극대화된다. 말 그대로 돈이 아깝지 않은 경우가 되는 것이다. 그런데 한국의 어떤 모바일 게임에서는 결제해도 바로 문제가 해결되지 않고, 반대로 결제하지 않아도 너무 원만하게 진도를 나갈 수 있는 경우가 있다. 이 게임은 밸런스가 잘못된 경우이고 실패한 BM이다. 돈을 쓰는 것이 아깝지 않은 확실한 동기부여가 이뤄져야 한다. 그게 막혀 있는 스테이지에 대한 클리어일 수도 있고, 경쟁에서의 승리일 수도 있다. 누군가는 공짜로 즐기기만을 원하지만, 다른 누군가는 끊임없이 결제를 원할 수도 있다. 그런 유저들을 만나게 되면 행운이다. 그리고 결제 후에 보상 가치를 제대로 제공한다면 고마운 고객으로 남게 될 것이다.

5장

어떻게
진출할 것인가

최적의 타이밍 vs. 최고의 완성도

알 리스와 잭 트라우트가 집필한 『마케팅 불변의 법칙』이란 책을 보면, '선도자의 법칙'이라는 내용이 맨 먼저 나온다. 책의 내용을 빌려 그 법칙을 설명하면 무엇이든 더 좋은 것보다는 맨 처음 것이 낫다는 의미이고, 이것은 마케팅에서 오랫동안 바이블처럼 여겨져 왔다.

게임 분야에 적용해봐도 선도자의 법칙은 잘 맞아떨어진다. 〈리니지〉는 출시된 지 15년이 훌쩍 넘었어도 여전한 인기를 누리고 있다. 중국의 〈미르의 전설〉도 최근 다소 인기가 떨어지긴 했지만 10년 이상 전성기를 유지했다. 〈오디션〉은 최초의 댄스 리듬 게임이라는 타이틀로 중국 내에서 여전한 인기를 모으고 있고, 〈카트라이더〉는 최초의 캐주얼 레이싱 게임이기에 사랑받았다.

모바일 게임으로 보면, 카카오톡 초기에 런칭된 게임들이 대부분 장르별로 선도자의 법칙에 따르는 이점을 살려 성공했다. 〈애니팡〉, 〈드래곤 플라이트〉, 〈아이러브커피〉, 〈윈드러너〉 등 초창기 게임의 성공작들은 예외없이 그러했다. 게임의 완성도보다는 최적의 타이밍이 성공 요인이었는데, 정확하게는 경쟁사보다 빠른 타이밍이 그들의 성공을 이끌어냈다. 중국에서의 사례를 들면 〈피싱 조이〉, 〈드래곤 포스〉, 〈마스터탱커〉, 〈도탑전기〉, 〈전민기적〉, 〈전민돌격〉 등이 장르 내의 경쟁자보다 빠르게 새로운 시도를 함으로써 시장을 지배한 성공작이 되었다.

대다수의 게임 퍼블리싱 회사에서는 '사용자를 우선 잡아둘 수만 있다면 게임상의 버그가 다소 존재해도 무방하다.'고 판단한다. 반대로 '아무리 잘 만든 게임이라도 사용자가 별로 없다면 이미 죽은 게임이기에 신경 쓸 가치가 없다.'고 생각한다. 이 말은 곧 사용자의 흥미를 유발시켜 어떻게든 게임에 머물게 만드는 것이 가장 중요한 가치라고 게임 사업자(운영자)들은 판단한다는 의미다. 반대로 개발자들은 각 게임 요소의 완성도와 전체적인 게임 메커니즘에 대해 많은 신경을 쓴다. 이런 게임 사업자와 개발자 간의 차이로 인해, 많은 수익을 거두고 있는 게임이라도 개발자들의 세계에서는 혹평을 받는 경우가 종종 발생한다.

사용자를 최초로 유입하는 데는 역시 마케팅의 힘이 가장 중요하다고 볼 수 있다. 그러나 결국은 게임 자체가 유저들에게 흥미를 유발시켜야 하고, 유저를 재방문하게 만드는 힘은 결국 최적의 타이밍에 유저에게 전달되는 게임에서 비롯될 가능성이 크다. 일반적으로 유저의 선택 옵션이 많을 때보다 적을 때 좀 더 큰 효과를 발휘할 수 있다. 그런데 사실 이런 부분에는 리스크가 있다. 선도자란 다시 말해 남들이 하지 않는 분야에 도전하는 이를 의미하니, 잘되었을 경우에는 얻는 결과가 독보적일 만큼 만족스럽지만 사실 남들이 하지 않은 분야를 앞장서 도전하는 것은 통상적으로 성공보다는 실패의 가능성이 훨씬 크다. 사업의 타당성 여부를 따질 때 이미 생성되어 있는 시장이 있는지를 가장 먼저 보기 때문이다. 따라서 이러한 도전은 쉽지 않은 결정이기도 하다.

반면에 개발팀 내부에서 만족스럽게 여기는 수준의 결과물이 나올 때까지 출시하지 않는 경우도 있다. 전통적으로 이 원칙을 가장 확고히 고수하는 회사는 미국의 블리자드다. 〈워크래프트 1, 2, 3,〉, 〈스타크래프트 1, 2〉, 〈디아블로 1, 2, 3〉, 〈월드 오브 워크래프트〉 등 블리자드가 성공시킨 게임들은 평균 5년에서 10년에 가까운 기간 동안 프로젝트가 진행되었다. 개발이 진행되다가 개발팀 내부에서 만족스러운 결과가 나오지 않는다면 해당 프로젝트는 아예 폐기된다.

이런 전통 탓인지 블리자드의 게임은 마니아들로부터 늘 호평받고 있고 CBT만 해도 많은 유저들이 몰린다. 게임 자체만으로도 혹은 테스트와 출시만으로도 마케팅을 위한 훌륭한 이슈가 되는 셈이다. 블리자드의 게임들은 중국에서도 큰 성공을 거뒀다. 심지어 중국에서 제작되는 게임들의 세계관과 캐릭터, 스탯 등에 상당한 영향을 미칠 정도로 인기 이상의 큰 역할을 했다. 게임 자체의 완성도가 월등히 높기 때문인데, 잘 만들어진 게임은 세계 어느 유저들에게나 인기를 얻는다는 기본 원칙을 블리자드의 사례를 통해 다시 한 번 실감하게 된다.

블리자드와 비슷한 사례를 모바일 게임 분야에서도 찾을 수 있는데, 핀란드의 소규모 게임 개발사인 슈퍼셀이 대표적이다. 2010년 설립된 슈퍼셀은 모바일 게임 시대로 넘어온 이래 가장

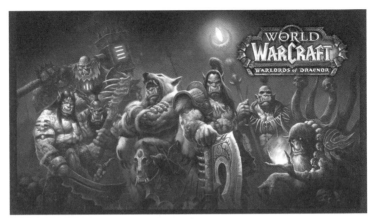

▲ 최고의 완성도를 추구한 〈월드 오브 워크래프트〉

큰 성공을 거둔 개발사로 평가받고 있다. 이 회사는 〈클래시 오브 클랜〉, 〈헤이데이〉, 〈붐비치〉 등 단지 세 개의 모바일 게임만을 직접 개발해 서비스하고 있음에도 2014년에 17억 달러의 매출을 기록했다. 슈퍼셀의 성공은 그들의 독특한 실패 문화에 기인하는 것으로 알려져 있다. 프로젝트가 사업화에 실패하면 회사는 샴페인 파티를 열어주고, 성공했을 때는 맥주 파티를 열어주는 것이다. 실패에서 얻은 경험을 축하해주는 의미라는데, 자유로운 창작 의지를 마음껏 발휘할 수 있는 기업 문화와 더불어 17억 달러의 매출을 올리는 회사의 게임이 단 3개에 불과할 정도로 엄격한 내부 기준도 성공 요인일 것이다. 즉, 이들도 게임 자체에 최고의 완성도를 불어넣기 위해 시간과 비용에는 연연하지 않는 전략을 구사하고 있는 셈이다.

조금은 다른 케이스이긴 하지만, 한국 데브시즈터즈의 〈쿠키런〉은 경쟁작인 위메이드의 〈윈드러너〉보다 다소 늦게 출시되었음에도 차별화된 서비스로 러닝^{running} 게임의 지존 자리를 차지하고 있다. 이 게임은 후발주자로서 당시 쏟아져나온 러닝 게임 경쟁작들을 물리쳤을 뿐 아니라 해당 분야에서 독보적인 1위를 차지했다. 〈쿠키런〉의 경우 선발주자가 놓치는 부분에 대해 각종 데이터를 분석하고 그 분석을 반영한 꾸준한 업데이트를 실시함으로써 경쟁력을 높인 것이다. 모바일 게임에서의 분석이란 사용자들의 행동으로 생성되는 데이터를 수집하고 이해하며 그것을 이론화하는 과정이다. 〈쿠키런〉의 개발사 데브시스터즈는 〈애니팡〉의 개발사 선데이토즈와 더불어 사용자 데이터를 수집 및 해석한 후 그에 맞춰 업데이트를 적용하는 데 강점이 있는 회사로 알려져 있다. 이런 장점은 두 회사의 마케팅 비용이 타사에 비해 적고 영업이익률이 높다는 특성으로도 이어진다.

비슷한 사례가 중국에도 있다. 중국 시장에서 온라인 FPS의 시작을 알린 게임은 한국에서 이미 큰 인기를 얻었던 〈스페셜포스〉와 〈서든어택〉이었다. 하지만 시장을 지배하는 넘버원 FPS는 〈크로스파이어〉다. 한국에서의 성적은 〈서든어택〉과 〈스페셜포스〉가 월등했고 심지어 중국 시장에 먼저 출시했는데, 이 두 게임이 아닌 〈크로스파이어〉가 대박을 터뜨렸다. 그 이유는 준비의 차이에 있다. 〈크로스파이어〉의 경우 한국에서의 실패가 오히려 개발사에게 '절차탁마^{切磋琢磨}'의 자세로 중국 버전에 최선을 다하게 만드는 계기를 마련해줬고, 후발주자로서 치열한 온라인 게임 퍼블리싱 사업에서 자리를 잡아야만 생존할 수 있다는 운영사의 절박함이 있었다. 따라서 현지화에 대한 준비와 마케팅이 압도적으로 잘 이뤄졌다. 이러한 정신 무장과 그에 따른 준비 덕분에 〈크로스파이어〉는 출시 타이밍이 살짝 늦었음에도 금세 순위를 뒤집고 중국 온라인 게임시장을 석권할 수 있었다. 선도자가 되는 것도 중요하지만, 준비 없는 선도자는 시장을 열어주기만 할 뿐 그 실속은 후발주자에게 모두 넘겨줄 수 있다는 교훈을 보여주는 사례다.

이렇듯 최적의 타이밍이라는 마케터 입장에서의 최상의 전략과 최고의 완성도라는 개발자 입장에서의 최상의 전략은 시간적으로 서로 상충될 뿐만 아니라 장점과 단점이 엇갈리기에 어느 하나를 선택하기가 어렵다. 그렇다면 중국 모바일 게임시장의 특성을 고려할 때 둘 중 어떤 전략이 좀 더 현명할까?

내 견해상으로, 매년 50% 이상 성장하는 현재의 중국 모바일 게임시장에서는 최고의 완성도보다는 최적의 타이밍을 추구하는 전략이 좀 더 유리하다고 판단된다. 우리에게 익숙한 예를 들어 좀 더 생각해보자. 한국 모바일 게임시장은 카카오톡 게임센터와 더불어 활활 타오르기 시작했다. 온라인 게임의 강자인 넥슨, 넷마블, NHN, 위메이드, 스마일게이트, 네오위즈 등이 앞다퉈 시간에 쫓기듯 시장에 진입했다. 하지만 현재 한국 모바일 게임시장을 지배하는 플레이어로 기존의 피처폰 시절부터 단단히 준비해온 게임빌(인수된 컴투스 포함)과 자체 프로젝트로 큰 성공을 거둔 선데이토즈, 4시 33분, 파티스튜디오, 데브시스터즈 등이 강세를 보이고 있다. 대기업 산하에서는 유일하게 넷마블만이 시기적으로 늦지 않게 진입해서 모바일에 총력전을 펼친 끝에 월등한 성과를 보이고 있다. 반면에 위메이드는 한때 시장을 선도했으나 잠시 주춤하는 사이에 시장을 잃었다. 초기에 성공한 회사들은 남들보다 빠른 타이밍에 혹은 적어도 늦지 않은 타이밍에 성공적으로 시장에 진입했다는 공통점을 가진다.

한국의 모바일 게임시장은 짧은 시간 동안에 너무 빨리 레드오션화되었고, 현재 새로운 모바일 게임 유저의 유입은 점점 요원해지고 있다. 성장이 멈춘 시장이 되어버렸기 때문이다. 모바일 게임을 하는 유저가 점진적으로 유입되는 편이 시장의 건실한 성장에 도움이 되는데, 스마트폰 시장의 확산이 너무 빨랐던 나머지 한순간에 성장이 쭉 이뤄진 후 지금은 정체되고 만 것이다. 스마트폰의 급속한 보급으로 60대 할머니도 〈애니팡〉을 즐기고 40대 중년 여성도 〈몬스터 길들이기〉 같은 RPG를 즐기게 되었다. 여기에 그나마 카카오톡 모바일 게임에 관심 없던 유저층을 슈퍼셀의 〈클래시 오브 클랜〉이 TV 광고 등의 물량 공세를 펼치며 저인망처럼 싹 쓸어갔다. 슈퍼셀의 공격적인 TV 광고는 한국의 기존 강자들을 자극해서, 이제 조금이라도 규모 있게 모바일 게임을 마케팅하려는 회사는 TV 광고를 필수 옵션으로 고려해야 할 정도가 되었다. 어찌보면 마케팅 비용에 대한 부담을 시장 전체가 고민하고 더 늘리도록 만든 셈이다. 2015년 상반기 최고의 성과를 거두고 있는 넷마블의 〈레이븐〉이 네이버와의 연합을 통해 슈퍼셀의 물량을 압도할 만큼의 공격적인 마케팅을 펼치며 1위를 지키고 있지만, 이제는 온라인 게임 수준의 마케팅 비용을 쏟아부어야만 한국 게임 차트에 간신히 랭크되는 시장이 되어버렸다. 별로 바람직하지 않은 현상이다.

▲ 압도적인 마케팅으로 출시 직후 1위를 차지한 〈레이븐〉

　사정이 이렇다 보니 매출 차트의 변화는 더욱 어려운 상황이다. 전체 게임시장에서 신규 게임 유서의 유입이 매우 제한적으로 이뤄지다 보니, 기존의 다른 게임을 1~2개 이상 즐기고 있는 유저를 빼앗아와야 하는데 결국 그 방법은 마케팅(돈)으로 귀결되고 있기 때문이다. 이런 흐름 속에서 기존의 상위 플레이어는 수성 전략으로 나갈 수밖에 없는데, 새로운 게임이 등장해서 순위를 위협하면 이벤트와 준비된 업데이트를 실시할 뿐 아니라 마찬가지로 마케팅 화력으로 응수하면서 비교적 무난하게 수성하는 전략을 취한다. 그러다 보니 시장은 점점 대규모 자본 싸움 위주로 변해가고 있고 새로운 '신데렐라'의 등장은 더 어려워졌다.

　이어서 유저 입장으로 생각해보자. 신규로 오픈한 게임이 내가 오랫동안 돈을 들여 즐기던 게임을 버리고 갈 만큼 매력적인지는 오픈한 지 1~2주 사이에 판단하기가 어렵다. 그렇다 보니 길어야 2~4주 정도 즐기다가 다시 원래 즐기던 게임으로 복귀하게 된다. 이런 모습은 한 번 자리잡은 게임이 여간해서 밀려나지 않는 정체 현상을 설명해주고, 신규로 등장하는 게임이 많은 개발 비용을 투입한 대작이면서도 반드시 엄청난 마케팅 예산도 투입해야 하는 지금의 시장 분위기를 보여준다. 한마디로, 사업의 타당성을 고려할 때 한국의 모바일 게임시장은 매력적이지 않다는 의미다. 실제로 최근에는 모바일 게임으로의 투자시장도 이 영향을 받아서 위축되었고, 초대형 게임 위주만으로도 투자시장이 움직이는 현상이 나타나게 된다.

다시 중국 시장 이야기로 돌아가자. 2015년 현재의 중국 모바일 게임시장은 한국에서 카카오톡 게임센터가 떠오르기 시작한 2012~2013년과 유사한 상황이라고 평가할 수 있다. 〈마스터 탱커〉, 〈도탑전기〉, 〈전민기적〉 같은 성공 신화를 쓴 회사들은 기존의 단단하고 큰 규모의 게임회사가 아니라 새롭게 떠오른 신흥 강자들이다. 온라인 게임 기반의 거대 회사들과 웹 게임에서 탄탄한 수익을 갖춘 회사들이 정신없이 모바일로 건너오는 것은 한국과 동일하지만, 시장이 방대하고 성장률이 안정적인지라 여전히 기회가 많은 시장이다.

3자 마켓의 경쟁이 향후 1~2년 내에 최고조에 이르게 될 것이란 전망도 있다. 그러한 전망이 나오는 것은 난립하던 3자 마켓들이 최근 1~2년 사이에 급격하게 정리되고 있고, 빅3 간의 경쟁이 날이 갈수록 격화되고 있기 때문이다. 메이저에 끼지 못한 마켓들은 생존을 위해 경쟁해야 하고, 메이저 마켓들은 저마다 시장점유율을 확실하게 올려서 향후 모바일 시대의 절대적인 헤게모니를 잡아가겠다는 전략을 갖고 있다. 이러한 마켓 간의 경쟁은 해당 마켓을 통해 서비스해야 하는 개발사나 운영사 입장에서는 사실 좋은 기회로 평가된다. 개발사들에게 유리한 각종 정책들을 앞다퉈 제시할 것이고 우수한 콘텐츠의 경우 마케팅 지원이 좀 더 활성화되기 때문이다.

이런 배경들은 해외에 있는 한국 개발사의 입장에서는 완성도보다 스피드에 주력해야 할 이유를 명확히 제시한다. 한국이 그러했듯 중국도 비슷한 과정을 거쳐 시장의 성장이 정체되는 시기를 맞이하게 될 것이다. 그리고 그 시기가 도래했을 때 비로소 게임의 완성도를 가지고 본격적으로 승부하는 전략을 선택하면 된다. 지금 시장에 대한 각종 연구 등을 이유로 시간을 낭비하는 것은 그야말로 좋은 시절을 다 보내는 잘못된 전략이다. 기존의 중국 회사들이나 앞서서 먼저 진출한 선도자들에게 중국 시장 점유율을 모두 빼앗기게 되면 뒤로 갈수록 쉽지 않은 경쟁을 해야 할 것이다. 전문가들은 향후 3~5년 동안은 중국 모바일 게임시장이 폭발적으로 성장할 것으로 예측한다. 그 기간 내에 제대로 시장에 안착하지 못한다면 한국 개발사가 중국 모바일 게임시장에 자리 잡을 기회는 요원할 것이다.

손자병법에서 전쟁에 승리하기 위해서는 천시天時와 지리地利 그리고 인화人和를 잡으라고 했다. 지리는 중국 시장이고 천시는 지금이다. 인화를 위해서는 실력 있는 한국 개발사들의 능력을 바탕으로 그동안 준비한 것을 가지고 제대로 나아가면 된다. 아울러 그건 준비하는 자들의 몫이다.

준비물: 현지화, 마켓 테스트, SDK, SNS 연동

한국 개발사가 중국 모바일 게임시장에 진출하기 위해 가장 먼저 준비해야 할 것은 현지화다. 현지화의 첫 번째 요소로는 제대로 된 번역^{Translation}을 꼽을 수 있다. 번역과 관련해서 한국 개발사들이 대수롭지 않게 여기는 경향이 있는데, 이 번역 작업 여하에 따라 게임의 완성도가 달라질 수도 있다. 영화 「트랜스포머」를 보면, 미군이 디셉티콘 군단에 포격을 가하는 장면이 나온다. 이 장면에서 '레일건^{Rail-Gun}'이라는 무기가 우리말로 '강철 미사일'로 번역되었는데, 이 표현은 전체 내용을 이해하는 데 문제는 없으나 심각할 정도로 몰입을 방해한다. 게임의 경우 '던전', '스테이지' '아이템', '레벨 업', '길드' 같은 영어식 게임 용어 표현과 '대전', '광장', '영웅' 같은 한자식 우리말 표현까지 다양하게 사용되고 있다. 게임에 대한 전문적 지식 없이 직역하는 경우 영화 속 '강철 미사일'과는 비교도 안 될 정도의 이상한 표현이 등장하게 된다. 특히 게임에 대한 지식이 없는 조선족이 직역할 경우에는 심지어 의미 전달이 이뤄지지 않는 경우도 생길 수 있다. 유의할 점이다.

가장 좋은 번역의 형태는 초벌 번역은 중국어와 한국어가 능숙한 번역가가 진행하고, 이후에 순수 중국인 게임 종사자가 후벌 번역이나 번역 감수를 추가로 진행하는 것이다. 즉, 두 번의 과정을 거쳐야 한다. 일반적으로 대부분의 중국 회사가 한국어를 제대로 지원하지 못하므로 대체로 번역소에 의뢰하는 경우가 많은데, 적어도 후벌 번역과 감수 과정만큼은 반드시 중국인 유저나 중국인 개발자들을 통해 진행해야 한다.

게임의 현지화를 의미하는 '로컬라이제이션^{Localization}'은 최근 해당 국가의 문화적인 정서에 초점을 맞춰야 한다는 의미에서 '컬쳐라이제이션^{Culturlization}'이라는 신조어로 변경되어 사용되곤 한다. 예를 들어, 영화 「캡틴 아메리카」를 보면 극 중에서 어떤 시대적 내용을 상징하는 메모가 나오는데, 상영된 국가에 따라 그 메모에 다른 내용이 나온다. 중국의 스타벅스에는 빨간색을 입혔고, 코카콜라는 출시 국가에 따라 언어도 적절히 바뀌었다. 만약 게임 내 등장하는 캐릭터 이름이 '홍길동'이라면 중국에서는 '손오공'으로 바꿔야 하는 식이다. 이러한 컬쳐라이제이션은 현지 운영사와의 긴밀한 협조를 통해 어느 부분을 얼마만큼 적용할지에 대한 요구사항을 명확히 전달받고, 얻을 수 있는 효과를 제대로 측정하는 과정이 필요하다. 어설픈 의역이 게임의 오리지널 정체성을 깨는 경우도 있기 때문이다.

난이도에 대한 밸런스 조정도 필요하다. 2013년 전 세계에 발매된 EA의 대작 게임 〈식물과 좀비 2〉의 경우 글로벌 버전과 중국어 버전이 난이도가 다르게 조정되어 발매되었다. 중국 유저들의 콘텐츠 소모 속도가 너무 빠르기 때문이었다. F2P 게임에서 콘텐츠 소모 속도가 빠르다는 것은 결제를 통한 수익 창출의 효과는 없는데 개발사나 운영사가 업데이트에 쫓기기만 하게 됨을 의미한다. 이런 부분들을 고려해서 정식 서비스 전의 QA나 각종 테스트를 통해 밸런스를 조정하는데, 중국에서는 유저들로부터 게임이 쉽다는 반응이 나왔기에 난이도가 조정된 것이다. 국가에 따라 유저들이 느끼는 난이도는 그 성격과 정도 면에서 당연히 다르다. 이런 부분도 해당 국가의 상황에 맞춰서 적절히 조정해야 한다. 만약 그런 난이도 조정에 어려움이 있다면 자체적인 조정도 가능하다. 가령 최초 스테이지에서 죽었을 경우 부활의 기회를 준다거나 초반의 어려움을 극복할 수 있는 별도의 무료 아이템을 제공하는 식으로 운용의 묘를 발휘할 수 있다. '글로벌 원빌드'가 손쉽기는 하지만 반드시 대안은 아니다. 특히 중국에서는 더더욱 그렇다.

회원가입의 원활함과 바이럴을 위해 어느 SNS^{Social Network Service}와 연동할지도 중요한 결정이자 준비다. 본격적인 모바일 게임 시대로 넘어오기 전에 페이스북을 통한 SNG^{Social Network Game}가 유행하던 시절이 있었다. 사실 SNG는 중국의 웹 게임과 매우 유사한 게임 서비스 형태인데, 차이점이라면 페이스북의 SNG는 이미 가입되어 있는 페이스북 친구들끼리 전파하기가 쉬워 웹 게임보다 파급력이 우수하다는 것이었다. 모바일로 넘어온 후 카카오톡 게임센터나 위챗 게임센터 같은 플랫폼은 바로 웹상의 페이스북 연동에서 비롯된 게임 유저들의 전파 속도에서 많은 모티브를 얻었다. 사실은 소셜 플랫폼에 대체로 유사한 기능적 지원이 있다는 쪽이 좀 더 정확한 표현일 것 같다.

SNS 연동은 세 가지 이유에서 파급력이 크다. 첫 번째는 회원 가입 절차 없이 유저를 손쉽게 유입할 수 있다는 점이고, 두 번째는 SNS상에서는 이미 온라인 친구 형태이기 때문에 모르는 사람들과 플레이하는 경우와 비교해 게임을 즐기기에 더 편안한 구조라는 점이다. 세 번째는 두 번째 이유로 어떤 게임을 시작했을 때 SNS를 통한 친구 초청이 활성화되어 게임에 대한 자연스러운 바이럴 마케팅과 추가 유입이 이뤄진다는 점이다. 근래에 들어서는 잦은 친구 초청 등으로 모바일 게임 관련 메시지를 스팸으로 인식하기도 하지만, 아직까지 가장 확실한 유저 유입 수단인 것만은 분명하다. 또한 현재 제작되는 모바일 게임의 주요 트렌드인 유저들 간의 경쟁과 도움, 과시라는 세 가지 측면을 제대로 활용하기 위해서는 SNS 연동이 반드시 필요한 상황이다.

그럼 중국 모바일 게임 서비스에 연동할 적당한 SNS에는 어떤 것이 있을까?

가장 확실한 것은 역시 텐센트의 위챗^{WeChat}이다. 위챗은 글로벌 기준으로 등록 계정 수가 11억 개 이상이고, 월별 사용자 수 ^{MAU}가 4억 6,000만 명을 넘어섰다. 가히 수치상으로는 세계 으뜸이라고 칭해도 무방하다. 일 평균 3억 개의 웹 페이지 링크가 공유되는데 그중 76.4%의 사용자가 정기적으로 공유하고 있다. 소셜 네트워크의 핵심인 공유 기능을 적극적으로 사용한다는 의미다. 텐센트는 위챗에 게임센터를 만들고 모바일 게임을 시작했으며 이미 충분한 성과를 보여주고 있다. 중국에서 모바일 게임을 서비스한다면 가장 확실한 SNS 연동 수단으로 이견의 여지 없이 위챗이 꼽힌다. 다만 위챗은 텐센트와의 퍼블리싱을 통해서만 접근하기가 용이하고 설령 퍼블리싱 계약을 맺는다고 하더라도 위챗에서 무조건 좋은 지원을 받는 것은 아니다. 위챗은 텐센트 내부에서의 엄격한 심사를 거쳐 연동할 수 있다. 연동 효과가 확실한 대신에 텐센트의 퍼블리싱 계약과 내부에서의 심사를 통과해야 하는 넘기 힘든 장벽이 있다. 현실적으로 매우 어려운 일이다.

이처럼 위챗이 최고의 선택임에도 불구하고 사실상 연동하기가 불가능한 '그림의 떡'에 가깝다면, 현실적으로 사용 가능한 오픈 API 중에서 가장 매력적인 SNS로 QQ 메신저를 꼽을 수 있다. 중국의 국민 메신저인 QQ 메신저는 PC로 시작해 현재는 모바일로까지 영역을 넓혀가고 있는 중이다. 위챗과 동일하게 QQ 메신저 역시 텐센트의 것이다. 그러나 위챗과 달리, QQ 메신저의 경우 텐센트에 개발자 등록이 완료되면 바로 쓸 수 있도록 오픈되어 있다. 카카오톡 게임센터에서 구현되는 모든 소셜 기능이 지원된다.

QQ 메신저는 텐센트의 개발자 등록을 하고 나서 결제 SDK와 함께 연동하도록 되어 있다. 이 경우 잉용바오의 마켓 수수료 30%만 제외하고 70%를 온전히 개발사의 수익으로 가져갈 수 있다. 단, 이 경우는 잉용바오 마켓이나 텐센트로부터 어떠한 마케팅 자원도 지원받지 못한다. 만약 40%의 수익을 마켓 측에 주는 조건이라면 적절한 배너 등의 마케팅 노출 자원을 지원받고 비독점으로 타 마켓에도 동시에 올릴 수 있다. 중국식 표현으로는 이것을 '연합 운영'이라고 부른다. 경우에 따라서는 잉용바오 마켓

독점으로 QQ 메신저와의 연동뿐만 아니라 대대적으로 마케팅 자원까지 지원해주는 프로그램이 있으나, 이 경우의 공식적인 분배율은 알려지지 않았다. 한마디로 사전 정보 없이 만나서 협상하기에 따라 분배율이 정해진다. 물론 모든 합작 방식은 텐센트에서 게임에 대한 내부 평가 기준을 바탕으로 정해진다. 즉 모든 칼자루는 텐센트가 쥐고 있는 셈이다. 다만 QQ 메신저와의 연동 자체는 특별한 제약이나 장벽이 없으니 게임의 특성상 SNS 연동이 꼭 필요하다면 검토할 가치가 충분하다고 여겨진다. 의외로 이 사실을 모르는 한국의 게임회사나 개발자들이 많다.

중국판 트위터라 불리우는 시나 웨이보^{新浪微博}도 빼놓을 수 없다. 여전히 두터운 사용자층을 보유한 시나 웨이보는 한때 중국을 대표하는 SNS였다. 다만 트위터나 페이스북이 그러하듯 중국 정부를 긴장시키는 표현의 자유가 한동안 중국 정부로 하여금 시나 웨이보를 압박하게 만들었다. 의무적으로 실명제를 도입해야 하는 등의 제제는 사용자 축소와 매출 감소 등으로 시나 웨이보의 영향력을 감소시켰고, 그 사이 모바일 SNS 지존의 자리를 위챗에 빼앗기게 된다. 하지만 그럼에도 불구하고 시나 웨이보의 활용도는 여전히 매력적이며 모바일 게임과의 연동도 자유롭다. 무엇보다 완전 개방형 서비스로 별도의 수수료 부담 없이 무료로 쓸 수 있다는 것은 다른 SNS들이 따라오지 못할 강점으로 평가받는다.

위치 기반 서비스 모모^{陌陌}도 좋은 대안이 될 수 있다. 낯선 사람이라는 의미의 앞글자인 '모^陌' 자를 따서 만든 서비스인 모모는 중국 최대의 위치 기반 서비스^{LBS, Location Based Service} 사용자를 가지고 있다. 내 주변에 있는 사람들을 찾아서 채팅을 즐긴다는 콘셉트의 이 서비스는 최근 나스닥 증시에 성공적으로 상장할 만큼 폭발적인 인기를 누리고 있다. 2014년 말 기준으로 가입자는 2억 명이 이상이고 월 액티브 사용자는 6,000만 명, 유료 회원 수는 100만 명을 넘었다. 모모는 이 충성도 높은 가입자들을 대상으로 최근 게임 사업에 뛰어들었다. 위치 기반 서비스의 성격을 잘 이용하면 모바일 게임과의 시너지를 발휘할 수 있는 SNS이며, 게임의 특성과 서비스의 특성을 잘 고민하면 특별한 성공을 기대할 수도 있다.

그 외에 360마켓, 알리바바(UC) 등 대형 마켓에서는 각각의 모바일 SNS 서비스를 제공한다. 하지만 이 서비스들은 메신저로서의 역할은 위챗, QQ 메신저에 밀리고 소셜 기능으로서의 역할은 시나 웨이보, 모모 등에 비해 경쟁력을 갖추지 못한 수준이다. 대체로 마켓에서는 SNS와 결제를 하나로 묶은 SDK를 제공하고 있다. 따라서 중국에서는 규모가 있는 각 마켓별로 APK 버전을 준비해야 하는 것이 현실이다.

중국 모바일 마켓에 서비스하기 전에 꼭 거쳐야 할 과정이 또하나 있는데 바로 사전 테스트다. 이 테스트는 한국에서 흔히 하는 FGT^Focus Group Test나 CBT^Close Beta Test와는 조금 다른 형태인 실전 테스트에 가깝다. 한국의 경우 CBT는 정식 서비스를 조금 앞두고 유저 유입을 위해 실시하는 마케팅 수단에 가깝다면, 중국의 마켓 테스트는 리텐션(재방문)과 결제율, ARPU^Average Revenue Per User(특정 기간 가입 유저 1인이 결제하는 금액)까지 확인하며 실제 서비스와 똑같은 상황으로 테스트를 진행한다.

이 테스트에서 원하는 지표가 나오지 않으면 정식 서비스 일정을 잡지 못한다. 텐센트처럼 도저히 넘을 수 없는 수준의 리텐션 장벽에 맞닥뜨리기도 하고, 그 결과로 정식 오픈을 하지 못한 채 계약이 해지되는 경우도 적지 않다. 하지만 중국에서는 이러한 테스트가 반드시 진행되어야 하는 중요한 절차에 해당된다. 한국은 유저를 모은 후 이탈만 막으면 BM은 추후에 개선해도 된다는 생각이 남아 있는 반면, 중국은 테스트 단계에서 해당 BM이 적절하게 형성되었는지 꼼꼼히 확인하기 때문이다. 유저 유입 ❭ 몰입 ❭ 과금의 프로세스가 설계한 메커니즘대로 잘 흘러가는지 체크하는 과정이 대단히 중요하다. 실제 성공한 게임인 〈도탑전기〉의 경우 운영사인 롱투게임즈가 테스트 과정을 통해 애초 개발사가 완성한 게임의 BM 부문을 개선해 설계하는 데 큰 도움을 주었고, 〈전민기적〉의 경우도 비공식, 공식 테스트를 4회 이상 진행하면서 유저들의 반응과 행동 패턴을 분석함으로써 정식 오픈 직전까지 끊임없이 수정 작업을 진행했다.

물론 이와 같이 결제까지 포함된 테스트가 가능한 이유는 유저가 많고 마켓 또한 다양하기 때문이다. 한국의 경우는 마켓 수도 적고 유저의 경우도 과금 유저의 규모가 제한적이라 미완의 테스트를 통해 유저의 손실이 발생하는 것을 대단히 꺼린다. 하지만 중국은 유저와 마켓이 풍부하다 보니 본인들이 원하는 데이터를 얻을 때까지 다양한 실험과 준비를 할 수 있다. A 마켓에서 테스트하는 동안 유저의 손실이 발생한다고 하더라도 B, C 마켓에서 좀 더 확실한 성과를 얻을 수 있기 때문이다. 물론 A 마켓에서의 테스트를 통해 축적된 데이터가 이 과정에서 절대적인 도움이 된 것은 당연하다. 한국식으로 사전 테스트를 일종의 마케팅 수단 정도로만 여기고 가볍게 임했다가 정식 서비스에 실패하거나 아예 정식 서비스 단계에 진입하지도 못한 사례가 많았음을 한국 개발사들은 잊지 말아야 한다.

나에게 맞는 파트너 찾기

퍼블리셔

중국을 대표하는 퍼블리셔들을 소개하면 다음과 같다.

1. 텐센트^{腾讯}

- 홈페이지: QQ.COM
- 본사 주소: 深圳市南山区高新科技园中区一路腾讯大厦
- 대표작: 〈크로스파이어〉, 〈던전앤파이터〉, 〈리그 오브 레전드〉, 〈전민돌격〉
- 메일 주소: alarmapp@tencent.com

거듭 강조하지만 협업만 가능하다면 자타가 공인하는 중국 최고의 파트너다. 넘버원 퍼블리셔이자 넘버원 플랫폼 홀더이며 빅3급의 마켓을 보유하고 있다. 최고의 조직, 최대의 자본도 투입할 수 있는 그야말로 A~Z까지 모든 것을 가진 회사다. 계약금도 후하고 게임에 대한 성과가 기대만 되어도 공격적인 투자를 집행한다. 텐센트와의 계약을 잘 성사시키고 매우 까다로운 내부 기준을 잘 통과해서 S급 마케팅 자원을 받는다면, 월 수십억 원에서 수백억 원 규모의 매출까지 기대할 수 있다. 무명의 회사가 텐센트와 계약하게 되면 신데렐라가 되는 것이고, 상장회사가 텐센트와 계약하면 그 자체만으로 주가가 요동칠 정도의 파급력이 있다.

다만 그들의 파트너가 되기는 매우 어렵다. 한국에서 정상급
의 실적이 뒷받침되지 않는다면 그들과 협상 테이블에 마주 앉기
도 쉽지 않으므로, 최고 수준의 규모와 레퍼런스를 갖춰야 한다.
그 어렵다는 계약을 통과하고 나면 내부 기준이라는 높은 장벽이
기다리고 있다. '불행 끝 행복 시작'이라는 희망에 부풀었다가 개
미지옥과도 같은 빠져나오기 힘든 고통을 겪을 수도 있다. 그럼에
도 불구하고 신데렐라가 되고 싶은 개발사라면, 혹은 최고의 회사
와 파트너십을 맺고 싶은 회사라면 텐센트를 가장 먼저 이야기하
지 않을 수 없다. 객관적으로 모든 면에서 최고다.

2. 쿤룬昆仑游戏

○ 본사 주소: 北京市东城区总部胡同46号蓝景德公寓B座8层
○ 홈페이지: http://www.kunlun.com/
○ 대표작: 〈문파문파〉, 〈풍운삼국〉, 〈해도기병〉, 〈TERA〉
○ 메일 주소: xingmei.li@kunlun-inc.com

웹 게임으로 시작해서 모바일 게임으로 넘어간 회사 가운데 원조
격인 기업으로, 가장 성공적으로 자리잡은 퍼블리셔다. 모바일 게
임회사 중에서는 한국에 가장 먼저 진출하기도 했다. 자체 플랫폼
이 있거나 규모가 월등히 큰 것도 아닌데 꾸준하게 성공작을 내놓
는다. 직관적인 감각으로 게임을 소싱하고 마케팅 방식도 공격적
이다. 이 부분은 쿤룬 주아휘 대표의 스타일에서 비롯되는 것 같다.
RPG 장르에서 중국과 한국에 좋은 레퍼런스를 많이 만들었다.

현재 시장에서 꽤 활발히 움직이고 있으며 한국 내 투자 펀드

도 만들었다. 또한 한국지사를 통해 서비스 운영뿐만 아니라 새로운 게임을 발굴하고 투자하려는 노력도 꾸준하다. 한국 시장과 중국 시장에 대한 이해도가 모두 높다는 것이 장점이다.

3. 추콩^{触控}

- 본사 주소: 中国北京市朝阳区望京街10号望京SOHO T3楼 25-30层
- 홈페이지: http://www.chukong-inc.com/
- 대표작: 〈피싱 조이〉
- 메일 주소: contactus@chukong-inc.com

코코스 엔진^{Cocos-2dx}과 〈피싱 조이〉로 유명해진 퍼블리셔다. 모바일 게임용 제작 엔진인 코코스 엔진은 중국 내에 많은 사용자를 보유하고 있으며, 세계적으로 따져도 유니티3D와 더불어 가장 많이 쓰이는 엔진이다. 추콩은 이동통신사의 소액 결제 서비스를 바탕으로 자체적인 통합 결제 시스템을 만들어서 사용자층을 급속히 넓혔다. 추콩의 통합 결제 시스템은 중국 전역, 특히 네트워크 상황이 좋지 않은 지방까지도 커버 가능하다.

한국에도 추콩의 지사가 있고 지사를 통해 직접 별도 사업을 진행 중이다. 다만 자체 게임이 아닌 외부 소싱 게임으로, 특별하게 중국 내에서 좋은 레퍼런스 사례가 없는 것이 약점이다. 한국에서 빅히트한 〈헬로히어로〉가 중국에서는 좋은 성과를 거두지 못했는데, 또 하나의 한국 히트작 〈영웅의 군단〉이 중국 내에서 어떤 성과를 거두는지가 한국 개발사들과의 호흡을 가늠하는 척도가 될 것이다.

4. 롱투게임즈龙图游戏

- ○ 본사 주소: 北京市朝阳区北苑路甲13号院北辰泰岳大厦11层
- ○ 홈페이지: http://www.longtugame.com/
- ○ 대표작: 〈도탑전기(刀塔传奇)〉
- ○ 메일 주소: xuxing@longtugame.com

〈도탑전기〉의 중국 퍼블리셔로서 최근 가장 뜨거운 관심을 받는 퍼블리셔의 하나다. 한국의 아이넷스쿨이라는 교육 관련 업체를 인수함으로써 공식적으로 한국 증시에도 우회상장했고 한국 시장에서의 본격적인 사업을 준비하고 있다.

롱투게임즈가 가장 강점을 가진 분야는 BM 설계다. 롱투게임즈는 회사 내에 자체 BM 연구팀이 있고, 자신들이 소싱한 게임을 서비스하기 전에 적용시키는 연구를 하는 것으로 알려져 있다. 실제 〈도탑전기〉의 BM 가운데 상당 부분이 이런 과정을 통해 개선되었다. 〈도탑전기〉를 발굴했던 멤버들이 새롭게 창업하며 이탈한 것은 약점으로 지적된다.

5. 제일채널中国手游(CMGE)

- ○ 본사 주소: 广州市天河区天府路233号华建大厦A座15楼
- ○ 홈페이지: http://cmge.com/
- ○ 대표작: 〈무협Q전〉
- ○ 메일 주소: cooperation@cmge.com

제일채널은 중국 모바일 게임의 강자로, 한국에서는 상대적으로 많이 알려져 있지 않다. 중국 내에서 정상급 퍼블리셔이며 회사의 규모, 조직, 마켓과의 협조 능력 등 모든 면에서 강점이 있다. 한국 게임에 대한 경험은 그다지 많지 않다.

6. 아워팜^{掌趣}

- 본사 주소: 北京市海淀区马甸东路17号金澳国际写字楼9层
- 홈페이지: http://www.ourpalm.com/
- 대표작: 〈대장문〉, 〈스톤에이지〉
- 메일 주소: wusheng@ourpalm.com

〈전민기적〉의 개발사인 천마시공을 2015년 1분기에 인수하면서 유명해진 퍼블리셔다. 공격적인 투자-인수-합병의 과정을 거쳐 성장해왔으며, 최근 한국 개발사를 향한 투자와 IP 확보 등에 매우 공격적인 모습을 보여주고 있다.

매출 규모가 있는 회사라면 좀 더 공격적인 사업을 위한 파트너로서 적합하다.

7. 로코조이^{乐动卓越}

- 본사 주소: 北京市朝阳区北苑路媒体村天畅园4号楼底商
- 홈페이지: http://www.locojoy.com/
- 대표작: 〈마스터탱커〉, 〈마스터탱커2〉
- 메일 주소: jinli@joyogame.com

〈마스터탱커〉의 개발사로, 중국 모바일 게임업계의 신데렐라로 떠오른 회사다. 이후 퍼블리싱 사업에 뛰어들었으며 특히 한국 개발사에 대한 관심이 높다. 쿤룬과 비슷한 형태로 한국에 지사 및 펀드를 운영하면서 개발사 확보 및 투자에 관심을 기울이고 있다.

로코조이 역시 최근 한국의 이너스텍이라는 코스닥 상장사를 인수함으로써 한국에 우회상장했다.

8. 37WAN^{37玩}

- 본사 주소: 上海市嘉定区蓝天科技城
- 홈페이지: http://www.37wan.net/
- 대표작: 〈대천사지검〉
- 메일 주소: yintianming@37.com

웹 게임 개발사로 시작해서 플랫폼과 모바일 게임 퍼블리셔로 발전해왔다. 한국 지사를 운영하고 있고 한국 내에서 활발히 개발사를 발굴하고 있다.

9. 중청보^{中青宝}(ZQ Game)

- 본사 주소: 深圳市南山区高新区南区W1-B栋4楼
- 홈페이지: http://www.zqgame.com.cn/index.shtml
- 대표작: 〈다크레전드〉, 〈제신난투〉
- 메일 주소: longyun.zhu@zqgame.com

모바일 게임 전문 퍼블리셔로, 최근 몇몇 한국 개발사에 대한 퍼블리싱 투자를 단행했다. 단순 퍼블리싱보다 좀 더 긴밀한 협조 관계를 위해, 한국 개발사가 중국 현지에 와서 공동으로 개발하는 새로운 모델을 만들어내기도 했다.

10. 가이아모바일^{盖亚}

- 본사 주소: 深圳市南山区科兴科技园a4单元1006
- 홈페이지: http://www.gaeamobile.net
- 대표작: 〈도탑전기 해외판권(刀塔传奇海外版)〉
- 메일 주소: business@gaeamobile-inc.net

〈도탑전기〉를 발굴한 롱투게임즈의 왕언직 CTO가 독립해서 설립한 모바일 퍼블리셔다. 〈도탑전기〉의 개발사인 리리스게임즈가 40%의 지분을 전략적으로 투자했고 〈도탑전기〉의 해외판권도 획득했다. 한국에서는 〈도탑전기〉의 서비스를 위한 가이아모바일코리아가 설립되어 현재 좋은 성과를 거두고 있으며 후속작 발굴을 겸하고 있다.

11. 창유^{畅游}

- ○ 본사 주소: 北京市石景山区石景山路29号京燕饭店东座
- ○ 홈페이지: http://www.changyou.com/index.shtml
- ○ 대표작: 〈천룡팔부(天龙八部)〉
- ○ 메일 주소: admini@cyou-inc.com

'소후'라는 중국의 유명 포털 서비스와 '17173'이라는 중국 내 최고의 게임 미디어를 보유하고 있는 창유는 〈천룡팔부 온라인〉으로 게임 사업 쪽에서 활약 중이며, 한국 내 퍼블리싱 사업을 강화하고 있다. 모바일 분야는 〈천룡팔부 3D〉를 통해 좋은 성과를 거뒀고 특히 IP 발굴에 관심이 많다. 중화권 최고의 인기 작가인 김용의 소설에 대한 게임 제작 판권을 획득했다.

12. 넷이즈^{网易}

- ○ 본사 주소: 北京海淀区复兴路11号
- ○ 홈페이지: http://game.163.com/
- ○ 대표작: 〈몽환서유〉
- ○ 메일 주소: hongshuo@corp.netease.com

'163'이라는 포털 서비스와 〈대화서유〉, 〈몽환서유〉 등의 훌륭한 자체 게임 IP를 보유하고 있다. 자체 개발 스튜디오를 운영하는 중국 회사로는 최고 수준의 개발력을 보유하고 있다. 블리자드의 중국 내 파트너로서 〈월드 오브 워크래프트〉와 〈디아블로〉 등을 운영하고 있어, 현재로서는 유일하게 텐센트에 버금갈 만한 저력을 보유한 회사로 꼽힌다.

자체 온라인 IP를 활용해 모바일 게임을 개발하고 서비스를 시작했으며 특히 2015년 4월에 서비스를 시작한 〈몽환서유 모바일〉은 최고의 성과를 거뒀다. 자체 플랫폼 확충에도 공격적인 행보를 보이고 있다.

13. 퍼펙트월드 完美时空

○ 본사 주소: 北京市朝阳区北苑路86号嘉铭桐城306号楼
○ 홈페이지: http://www.wanmei.com/
○ 대표작: 〈완미세계〉, 〈소오강호(笑傲江湖OL)〉
○ 메일 주소: global@wanmei.com

퍼펙트월드는 회사명과 동일한 온라인 게임인 〈퍼펙트월드〉로 혜성과 같이 등장한 후, 자체 개발 및 퍼블리싱으로 중국 온라인 게임 분야의 강자로 자리매김했다. 한국 시장에도 관심이 많아 지사를 설립하고 서비스를 제공 중이다.

개발과 유통을 겸하며 온라인과 웹 게임, 모바일을 두루 경험해본 강자다.

14. 나인유 久游(9You)

○ 본사 주소: 上海市虹口区高阳路109号外滩壹零玖
○ 홈페이지: http://www.9you.com/
○ 대표작: 〈오디션(劲舞团)〉

○ 메일 주소: overseaskorea@staff.9you.com(韩国-Korea)

한국에서도 히트한 〈오디션〉의 중국 서비스를 통해 급성장한 퍼블리셔로, 특히 캐주얼 게임 쪽에 강점이 있다. 최근 〈오투잼2〉 등의 서비스 계약을 통해 모바일 분야로 투자 범위를 넓혀가고 있다.

15. 스네일게임즈蜗牛

○ 본사 주소: 苏州市工业园区金鸡湖路171号
○ 홈페이지: http://www.woniu.com/
○ 대표작: 〈태극팬더(太极熊猫3D)〉
○ 메일 주소: sundh@snailgame.net

스네일게임즈는 웹 게임과 온라인 게임, 모바일 게임 모두를 아우르는 다양한 게임을 직접 개발하고 서비스한다. 창의적이고 새로운 시도를 많이 하는 회사로, 모바일 분야에서는 〈태극팬더〉를 개발하고 서비스해서 좋은 성과를 냈다.

한국의 NHN엔터테인먼트와 여러 가지 형태의 사업 제휴를 진행하며 영역을 넓혀가고 있다.

16. 공중망空中网

○ 본사 주소: 北京市海淀区西外大街168号腾达大厦35层
○ 홈페이지: http://www.kongzhong.com/
○ 대표작: 〈길드워2〉, 〈쿠키삼국〉
○ 메일 주소: corp.kongzhong.com/contact/

공중망도 아워팜과 비슷한 형태로 투자-인수-합병과 같이 자본을 활용해 주로 발전해왔다. 웹 게임 쪽의 강자이나 엔씨소프트의

〈길드워2〉의 중국 서비스를 진행하기도 했다. 최근 한국 모바일 게임 몇 종의 판권 계약을 통해 모바일 분야로도 적극적인 진출을 모색하고 있다.

17. 아이드림스카이乐豆游戏

- 본사 주소: 深圳市南山区科苑北路科兴科学园A3单元16层
- 홈페이지: http://www.idreamsky.com/
- 대표작: 〈후르츠 닌자(水果忍者)〉, 〈앵그리버드〉, 〈쿠키런〉
- 메일 주소: business@idreamsky.com

심천의 평범한 운영사였던 아이드림스카이는 〈앵그리버드〉의 중국 서비스를 계약하면서 유명세를 타기 시작했고, 이후에 〈후르츠 닌자〉의 중국 서비스로 좋은 성과를 거뒀다. 주로 북미 쪽의 판권을 계약해와서 중국에 서비스하는 데 강점을 가진 회사다. 한국의 〈쿠키런〉을 서비스하기도 했다.

18. 러쿠热酷网络

- 본사 주소: 北京市朝阳区通惠河北路21号热酷大厦
- 홈페이지: http://www.rekoo.com/
- 대표작: 〈선샤인 목장〉
- 메일 주소: lei.wang1@rekoo.com

〈선샤인 목장〉이라는 SNG 게임이 일본에서 빅히트하면서 급성장했다. 한국 시장과 한국 게임에도 관심이 많아 지사를 설립하고 게임 발굴을 위해 활발히 움직이고 있다.

19. 런런왕人人网

○ 본사 주소: 北京市朝阳区酒仙桥中路18号
○ 홈페이지: http://wan.renren.com/
○ 대표작: 〈천서기담〉(웹 게임)
○ 메일 주소: admin@renren.com

런런왕은 한때 중국 최고의 웹 기반 SNS였다. 〈카이신 농장〉이라는 〈팜빌〉과 유사한 SNG는 중국 대륙 최고의 SNG로 사람들이 즐기던 게임이었다. 하지만 이후에 게임 쪽에서 좋은 성과를 내지 못했고, 모바일 게임 시대로 넘어오면서 다시 그때의 영광을 재현하기 위해 게임을 활발하게 발굴하는 중이다. 한국의 게임과 개발사를 발굴하는 데 관심이 많아 최근 몇 종의 게임에 대한 서비스 계약을 진행하기도 했다.

20. 킹넷테크롤로지恺英网络

○ 본사 주소: 上海陈行路2388号浦江科技广场3号3F
○ 홈페이지: http://hr.xy.com/
○ 대표작: 〈전민기적(全民奇迹)〉
○ 메일 주소: huangp@xy.com

〈전민기적〉으로 현재 중국 모바일 게임의 강자로 떠올랐으며, XY라는 탈옥 마켓을 보유하고 있다. 기존 사업인 웹 게임에서의 탄탄한 수익은 모바일 사업 쪽으로도 무한한 가능성을 보여주는 원동력이다. 최근 우회상장을 준비하고 있다.

중국 마켓

모바일 게임을 다운로드할 수 있는 중국의 온라인 마켓을 소개하면 다음과 같다.

1. 치후360

- 회원 수: 2억 5,000만 명
- 본사 주소: 北京市朝阳区酒仙桥路6号院电子城国际电子总部
- 홈페이지: dev.app.360.cn
- SDK 다운로드 주소: http://wiki.dev.app.360.cn/index. php?title=SDK%E4%B8%8B%E8%BD%BD

현재 중국 안드로이드 3자 마켓 점유율 1위인 360마켓은 텐센트와의 마켓 경쟁을 위해 우수한 한국 게임 발굴에 가장 적극적인 모습을 보이고 있다. 이를 위해 직접 퍼블리싱 사업을 전개하기도 하는 등 한국 게임에 대한 선호도가 높은 편이다.

경쟁 마켓과 비교할 때, 소액 결제에서 이동통신 결제를 지원하고 고액 결제에서 알리페이를 지원하는 강점이 있다. 다만 텐센트와 비교해서 SNS 플랫폼이 현저한 약세를 나타내고 있으며, 바이두와 비교해서는 포털과 검색 쪽이 뒤처지는 모습이다.

2. 바이두百度助手

- 회원 수: 1억 2,000만 명
- 본사 주소: 北京市海淀区上地十街10号
- 홈페이지: http://developer.baidu.com/
- SDK 다운로드 주소: http://app.baidu.com/docs/

중국 최고의 검색엔진인 바이두는 원래 게임 사업에 관심이 없었으나 모바일 시대로 넘어가면서 게임 마켓에도 관심을 가지기 시작했다. 이 분야에 진출한 후로는 상대적으로 빠른 시간 내에 빅3에 포함될 만큼 인상적인 행보를 보여줬다. 모바일 검색과 모바일 앱 마켓의 시너지는 여타 경쟁사를 위협하는 수준으로 급성장하고 있다.

3. 잉용바오^{应用宝}

- ○ 회원 수: 1억 6,700만 명
- ○ 본사 주소: 深圳市南山区高新科技园中区一路腾讯大厦
- ○ 홈페이지: http://open.qq.com/
- ○ SDK 다운로드 주소: http://wiki.open.qq.com/wiki/mobile/ SDK%E4%B8%8B%E8%BD%BD

중국 최고의 게임 퍼블리셔인 텐센트가 운영하는 앱 마켓이다. 단숨에 빅3급으로 성장한 만큼 좀 더 개방적인 정책을 취한다면 1위를 차지할 수도 있지만, 텐센트 그룹 내의 여러 가지 복합적이면서 정책적인 이유로 인해 단지 마켓 1위가 되는 것을 목표로 내세우지 않는 편이다.

하지만 텐센트가 운영한다는 것만으로도 언제든 1위를 할 수 있는 저력이 있고, 퍼블리싱 사업 쪽으로도 텐센트의 관심을 받을 수 있다는 것이 잉용바오 마켓의 가장 큰 강점이다. 최근에는 QQ 메신저를 오픈 API로 공개한 덕분에 시장점유율이 더 높아지고 있다. 시기가 문제일 뿐 결국은 1위가 될 것으로 전망된다.

4. 완도우자娓豆荚

○ 회원 수: 7,000만 명
○ 본사 주소: 北京市西城区新街口外大街28号
○ 홈페이지: http://developer.wandoujia.com/
○ SDK 다운로드 주소: http://developer.wandoujia.com/sdk/

한때 중국 3자 마켓 빅3에 해당될 정도로 강자였으나 텐센트와 바이두가 이 시장에 뛰어들면서 중위권 마켓으로 밀리기 시작했다. 알리바바의 인수 대상으로 거론되었으나 이마저도 UC에게 기회를 빼앗기고 침체기를 걷고 있다. 그래도 여전히 전통의 강자임은 부인할 수 없다.

연합 운영이라는 독특한 방식의 서비스 정책을 최초로 도입한 마켓이기도 하다. 경영진과 주요 임직원들이 매우 젊고 능동적이면서 모바일 게임에 대한 이해도가 높은 것도 강점이다.

5. 안즈오스창安卓市场

○ 회원 수: 6,500만 명
○ 본사 주소: 福州开发区星发路8号火炬创新大厦501-B
○ 홈페이지: http://dev.apk.hiapk.com/
○ SDK 다운로드 주소: http://app.baidu.com/docs/

완도우자와 더불어 전통의 강자였으나 역시 최근 부상하는 대기업 빅3에 의해 최근 중위권 마켓으로 밀려나고 있다. 하지만 '安卓市场'의 뜻이 곧 '안드로이드 마켓'이므로 도메인 자체는 가장 훌륭한 것을 선점하고 있다. 언제든 다시 일어날 수 있는 저력과 기회는 충분한 마켓이다.

6. 샤오미 마켓^{小米}

- ○ 회원 수: 7,000만 명
- ○ 본사 주소: 北京市海淀区清河中街68号华润五彩城写字楼
- ○ 홈페이지: http://dev.xiaomi.com/
- ○ SDK 다운로드 주소: http://dev.xiaomi.com/docs/gameentry/%E6%89%8B
  %E6%9C%BA&pad%E6%B8%B8%E6%88%8F%E6%8E%A5%E5%85%A5%
  E6%96%87%E6%A1%A3/%E5%BA%94%E7%94%A8%E5%86%85%E6%94
  %AF%E4%BB%98SDK/

제조사 마켓 중에서는 최근 가장 두각을 나타내고 있다. 샤오미가
현재 중국에서 워낙 높은 스마트폰 시장 점유율을 보이고 있고,
기존의 '짝퉁폰' 제조사가 아닌 애플이나 삼성에 버금가는 고급스
런 폰을 만드는 휴대폰 제조사의 이미지로 거듭나고 있어 마켓도
덩달아 성장하고 있다. 샤오미 자체가 애플처럼 소프트웨어 쪽에
연구 개발을 아끼지 않고 있어 더욱 발전이 기대되는 마켓이다.

7. 안즈스창^{安智市场}

- ○ 회원 수: 2,900만 명
- ○ 본사 주소: 北京市海淀区上地西路8号上地科技大厦4号楼西区802
- ○ 홈페이지: http://dev.anzhi.com/
- ○ SDK 다운로드 주소: http://dev.anzhi.com/help.php?type=help&id=73

安智^{anzhi}는 발음이 安卓^{anzuo}와 비슷하다. 安卓^{anzuo}는 '안드로이드'
라는 의미이고, 중국어로 가장 좋은 명칭을 잃어버린 후발주자로
서 가장 비슷한 발음의 마켓 이름이 만들어졌다. 사실은 安卓^{anzuo}
자체도 짝퉁 마켓이니 安智^{anzhi}의 경우는 '짝퉁의 짝퉁'으로 봐도
무방하겠다. 비록 이름이 짝퉁스럽스럽지만 상당히 오래된 마켓

이며, 한때는 많은 유저들이 있었다. 현재는 점점 중하위권으로 밀려나고 있는 추세다.

8. 차이나모바일 마켓^{CMCC}

- 회원 수: 1억 5,000만 명
- 본사 주소: 北京市朝阳区阜通东大街6号方恒大厦A座20层
- 홈페이지: http://dev.10086.cn/
- SDK 다운로드 주소: http://dev.10086.cn/wiki/?p2_01_03

전 세계에서 가장 많은 사용자를 보유한 통신사의 공식 마켓이라는 데 강점이 있다. 따라서 안드로이드 마켓에서는 언제든 세계 최대의 규모가 될 수 있는 잠재력을 가진 것으로 평가된다. 실제 상징적인 수준의 마켓에서 최근 급성장세를 보이고 있다. 소액 결제 서비스로 매우 편리하고 부담 없는 이동통신 결제를 제공한다.

9. 화웨이^{华为}

- 회원 수: 8,000만 명
- 본사 주소: 深圳市龙岗区坂田街道华为基地
- 홈페이지: http://developer.huawei.com/
- SDK 다운로드 주소: http://developer.huawei.com/wiki/index. php?title=SDK%E4%B8%8B%E8%BD%BD

통신장비 업체인 화웨이는 샤오미와 더불어 중국 휴대폰 제조 부문의 전통적인 강자다. 심지어 저가폰 시장에서는 글로벌 시장에서조차 절대적인 강자로 우뚝 서고 있다. 최근 화웨이 역시 자체적인 모바일 앱 마켓 구축에 적극적으로 나서고 있다. 단순 제조사에서 벗어나, 플랫폼이 더불어 성장해야 제조 점유율도 높아진다는 것을 인지했기 때문이다. 저가 휴대폰이라는 약점만 극복하면 언제든 올라설 수 있는 강점이 있는 마켓이다.

10. 오포^{OPPO}

- 회원 수: 4,500만 명
- 본사 주소: 广东省深圳市南山区科技园南六道6号迈科龙大厦602室
- 홈페이지: http://open.oppomobile.com/
- SDK 다운로드 주소: http://open.oppomobile.com/index/game

중국의 휴대폰 제조사인 오포는 신생 업체임에도 불구하고 급성장하면서 '제2의 샤오미'가 될 것으로 예측되고 있다. 샤오미에 대한 철저한 벤치마킹을 통해 일찌감치 모바일 앱 마켓 구축에도 관심을 기울이고 있으며, 신생 업체답게 마케팅 지원이 매우 공격적이다.

11. 레노버^{联想}

- 회원 수: 알 수 없음
- 본사 주소: pengzj1@lenovo.com
- 홈페이지: http://open.lenovo.com/developer/index.jsp
- SDK 다운로드 주소: http://open.lenovo.com/developer/help/sdk.jsp

화웨이와 더불어 중국 저가폰 시장의 쌍두마차였고, 점유율로도 1, 2위를 다투고 있다. 프리미엄 시장에서 샤오미에 밀리기 시작하면서, 모바일 생태계 구축에 관심을 가지고 마켓 구축을 시작하는 전략을 선택했다.

　IBM의 노트북 분야를 인수하는 등 IT 전반과 관련된 다양한 사업 분야를 갖추고 있다. 휴대폰 제조와 앱 마켓에 최근 공격적인 투자를 선언했다.

12. 잉용휘이^{应用汇}

- 회원 수: 2,200만 명
- 본사 주소: 北京市朝阳区太阳宫南街13号农业银行6层
- 홈페이지: http://dev.appchina.com/market/dev/index.action
- SDK 다운로드 주소: http://dev.appchina.com/market/dev/agreement.
  action

마이크로소프트 차이나 출신 멤버들이 모여 설립한 잉용휘이는
모바일 IT 분야에 대한 폭넓은 지식을 무기로 초기에 급성장했으
나, 앱 마켓 시장에 너무 빨리 대기업 자본이 몰리면서 조금씩 경
쟁자에게 밀리며 침체를 겪고 있다. 하지만 중국 마켓에 대한 풍부
한 지식과 함께 모바일 게임에 대한 세심한 지원이 따르고, 아울러
중국 마켓 중에서는 상대적으로 합리적인 커뮤니케이션이 가능하
다는 장점이 있어 외국 회사의 파트너로서는 나쁘지 않은 선택이
될 것이다.

13. 당러^{当乐}

- 회원 수: 8,000만 명
- 본사 주소: 北京市东城区北三环东路36号环球贸易中心A座708室
- 홈페이지: http://open.d.cn/
- SDK 다운로드 주소: http://open.d.cn/download.html

안드로이드 마켓과 애플 탈옥 마켓을 동시에 보유하고 있는 장점
이 있다. 두 가지 마켓을 보유했기에 한때 91마켓과 더불어 중국
모바일 마켓에서 강자로 군림했으나 최근 침체기를 겪고 있다. 한

국의 개발사와 중국을 기반으로 한국 게임의 퍼블리싱을 담당하는 중소 퍼블리셔에 직접적인 투자를 진행하기도 했었다.

14. 지판机锋市场

- ○ 회원 수: 4,100만 명
- ○ 본사 주소: 北京市海淀区中关村南大街17号韦伯时代中心C座11层1101-1114
- ○ 홈페이지: http://dev.gfan.com/
- ○ SDK 다운로드 주소: http://dev.gfan.com/

대부분의 중국 내 3자 마켓은 불법 앱 기반으로 시작해서 합법 앱 기반으로 전환되거나, 그 과정을 넘지 못하고 더욱 불법 앱 기반으로 주저앉게 된다. 지판은 후자에 해당된다. 한때는 중국 유저들이 합법적이지 않은 모든 자료를 구하기 위해 이곳에 몰려들었으나 지금은 점점 침체기로 접어들고 있다.

15. 91닷컴

- ○ 회원 수: 1억 명
- ○ 본사 주소: 福州开发区星发路8号火炬创新大厦501-B
- ○ 홈페이지: http://dev.91.com/
- ○ SDK 다운로드 주소: http://dev.91.com/DocumentCenter/SdkDownload

과거 빅3 마켓의 하나로 안드로이드와 애플 탈옥 마켓을 모두 갖췄던, 그리고 하드코어 유저층을 특히 많이 보유했던 전통의 강자다. 하지만 2013년 바이두에 인수된 이후 자체 마켓의 성장보다는 바이두 쪽의 보조 마켓으로 변해가고 있다. 하지만 하드코어 RPG의 충성도 높은 유저층을 여전히 보유하고 있는 매력적인 마켓이다.

직접 올리기

좋은 파트너를 찾아 만족스러운 조건으로 계약을 맺고 중국에 진출한다면 가장 좋은 케이스가 되겠지만 세상 일이란 그리 녹록치만은 않다. 중국이란 가본 이들에게는 어려워서 두려운 곳이고, 가보지 않은 이들에게는 낯설어서 두려운 곳이기 때문이다. 직접 진출해서 연락사무소나 지사를 설립하는 방법도 있지만, 자본과 경험을 갖춘 인력이 없다면 역시나 불가능한 일이다. 하지만 반드시 지사를 설립하지 않고도 직접 중국 모바일 마켓에 올릴 수 있는 방법은 있다. 단 이 방법은 대형 회사들에게는 추천하고 싶지 않다. 중국에 진출해보고 싶은데 규모가 작아서 직접 지사를 설립하는 등의 시도가 불가능하고 적절한 중국 파트너를 찾지 못해 고민하는 중소형 개발사들에게만 추천하는 방식이다. 혹은 중국을 어떤 형태로라도 경험해보려는 회사나 개발자들을 위한 방식이다.

직접 올리기 위한 방법으로 우선 각 마켓에 개발자 등록을 해야 한다. 개발자 등록은 개인과 법인 모두 가능하다. 개발자 등록 자체는 그다지 장벽이 높지 않다. 회사의 경우 회사 전반에 대한 정보(영업집조营业执照 등)와 담당자 이름, 연락처 등의 정보가 필요하다. 개인의 경우는 더 간소해서 이름과 주소, 연락처만 있으면 된다. 그리고 나면 SDK를 다운로드해서 연구해본다. DK 개발 지원 문서가 대부분의 마켓에서 중문으로만 지원된다는 점은 아쉽다. 하지만 오픈 API SDK를 연동시켜본 경험이 있는 개발자에게는 그다지 어려운 수준의 작업은 아니다.

다음 절차는 마켓과 어떤 협업을 할 것인지 의논하는 것이다. 이 부분이 애플 앱 스토어나 구글 플레이 스토어와는 다르다. 잉용바오의 예를 들어 설명하면, 세 가지 협업 시스템을 가져갈 수 있다. 가장 일반적인 형태는 오픈 API SDK를 사용하고, 잉용바오에 올리는 대가로 수수료 30%를 마켓에 제공하는 대신에 나머지 70%를 받는 방법이다. 문제는 워낙 게임이 많이 올라오기 때문에 노출 없이 다운로드를 유도할 수 있는 마케팅 방법이 없다는 것이다. 그렇기 때문에 10%의 수수료를 더 주고 일정 부분 노출 지원을 받는 제휴 방식이 제공된다. 마지막으로, 잉용바오 독점 입점을 대가로 대대적인 마케팅 지원을 받는 방식이 있다. 두 번째와 세 번째 방식의 경우 잉용바오 마켓의 심사를 받아야 한다. 독점 계약의 경우 특히 엄격한 심사가 이뤄지며 계약조건은 알려져 있지 않다.

여타 마켓도 이와 비슷하게 마케팅 지원에 따라 수수료 등의 계약조건이 바뀌는 형식이다.

협력 방식이 결정된 이후에는 마켓과 계약을 맺는다. 이 단계에서는 서비스하고자 하는 회사나 개인이 해당 게임에 대한 저작권을 가지고 있는지 확인하는 절차가 필요하다. 중국 내에서 밟아야 하는 절차가 다소 까다롭긴 하다. 이후 회사(개인)와 마켓이 해당 게임을 대상으로 계약을 맺게 된다. 구글과 애플의 경우 한 번 개발자 등록을 마친 이후에는 검수 절차만 있을 뿐 자유롭게 게임을 업로드할 수 있는데, 이것과는 차이가 있다. 중국 마켓과 계약을 진행할 때 필요한 것은 수익을 분배받을 수 있는 은행 계좌다. 이 부분도 해외 계좌를 지원해주지 않기 때문에 반드시 중국 내 은행 계좌가 필요하다.

이후에는 개발 및 SDK 연동, 그리고 테스트와 검수 과정을 거친 후에 정식 런칭하는 실제적인 절차를 진행하면 된다. 마케팅 지원이 없는 런칭의 경우 검수만 진행하면 되고, 마켓과의 제휴를 통한 진행이라면 1~2회 정도 리텐션과 결제 등에 대한 별도의 테스트를 마켓에서 요구할 때도 있다. 마켓의 담당자 입장에서도 본인들의 실적과 관련된 부분이 있기에 KPI를 체크해서 개선하고 그 내용에 따라 지원 범위를 바꾸기도 하기 때문이다.

이런 일련의 절차를 살펴보면, 한국에 있는 인디 개발자가 서울에서 중국의 각 마켓에 올리는 것도 가능하다. 은행 계좌를 중국에 가서 만들고 직접 이메일이나 전화로 마켓과 커뮤니케이션할 수 있는 능력만 있으면 된다. 하지만 대다수 소규모 개발사나 인디 개발자에게는 어려운 상황이므로, 좀 더 간소한 방식을 찾자면 순수하게 계약을 위한 런칭만 지원해주는 중국 현지 대행사의 도움을 받을 수 있다. 명의와 계좌만 빌려주고 저작권 확인 등의 대행 업무를 수행하는 회사들이 한국과 중국에 여러 형태로 있다.

현실적으로 구글이나 애플 마켓에서는 대외적으로 알려져 있지 않은 랭킹 알고리즘을 활용해 순위가 정해지고, 그 순위 노출에 따라 유저들의 추가적인 다운로드가 발생하게 된다. 따라서 수많은 마케팅 회사들은 이를 위한 각자의 툴과 지원 방식을 만들어냈다. 즉, 개발사 입장에서는 가장 합리적인 방식을 선택하고 예산에 맞춰 집행하면 되는데, 중국의 경우 전적으로 노출과 랭킹을 마켓에서 주도하기 때문에 마켓과의 계약 방식이 중요하다. 아무리 좋은 게임이라 할지라도 30% 기본 마켓 수수료만을 제공하고 마켓에 올렸을 때는 성과를 기대하기가 어렵다. 그렇기 때문에 마켓과의 협업과 협상이 가장 중요한 마케팅 수단이 된다. 돈을 쓰지 않고도 이용할 수 있는 마켓이라는 것은 장점이나, 직접적인 중국어 커뮤니케이션이나 협상 능력을 필요로 한다는 점이 장벽이 된다. 하지만 몇몇 마켓은 영어 커뮤니케이션이나 한국어를 지원해주기도 한다. 다만 해외 쪽을 담당하는 마켓 담당자의 경우 상대적으로 불륨 있는 대작을 찾는 경우가 많으므로 인디 게임이라면 좋은 혜택을 받기가 어려울 수 있다.

문제 해결 방법: How보다 중요한 Who

중국에서 게임 서비스를 준비하는 데 어떤 문제가 발생했다. 가령 3자 마켓에 올라갈 이동통신사용 결제 SDK를 붙이는 과정에서 특정 통신사로부터 '리젝reject(반려)'을 당했다고 가정해보자.

■ 일반적인 사례

그림: 유영욱
〈게임회사 취업 가이드〉 저자

그렇게 일주일의 시간이 흐르고,

그런데도 또 리젝...
그리고 위의 과정이 두세 번 정도 더 반복...

이 카툰 속 상황이 과장된 것으로 보일 수 있으나 그렇지 않다. 중국에 한 번이라도 런칭해본 한국 개발사는 반드시 겪게 되는 과정이다. 나 역시 초창기에 겪었던 문제다.

그러면 이 상황에서 등장하는 중국 운영사는 무능력한 건가? 그렇지 않다. 이건 아주 일반적인 상황이다. 마치 자연재해와 같이, 다시 말해 여름에 태풍이 오고 겨울에 폭설이 오듯이 일반적으로 생길 수 있는 문제다. 내용의 경중에 차이는 있지만 애플과 구글에서도 리젝 사유가 어처구니가 없을 때가 있는데 그 경우와 유사하다.

'슈퍼갑'인 이동통신사는 대체로 리젝 사유를 제대로 설명해 주지 않는다. 결제 SDK의 버전 업데이트를 하면 반드시 버그가 생기고 그래서 해결 방법을 물어보면 "그냥 안정화될 때까지 이전 버전을 쓰세요."라고 퉁명스럽게 이야기하는 것도 그들에겐 흔한 대응법이다. 예고 없이 결제를 막아버리는 일도 적지 않고 심지어 특정 지역(성)의 결제를 통째로 막아버린 '어마무시한' 만행을 저지르는 이동통신사도 있다. 이런 상황을 겪으면 개발사나 운영사는 '멘탈 붕괴'의 위험에 빠지게 되고 경제적으로도 타격이 크다.

'중국밥'을 꽤나 먹은 나 역시도 이동통신사의 검수 정책이 바뀔 때 미리 친절하게 통보해주는 조치를 단 한 번도 경험해보지 못했다. 물론 내가 영향력 없는 작은 회사를 운영했기 때문일 수도 있다. 그럼 메이저 회사들에게는 제대로 통보되고 있지 않을까 기대하지만, 추측으로는 (추콩처럼) 이동통신사 전담 부서가 있어 늘 그쪽을 챙기는 회사 말고는 사전에 모르는 경우가 대부분인 것 같다. 즉, 중국 회사도 흔히 겪는 문제인 셈이다.

만약 앞의 상황을 한국인 개발사와 중국인 운영사가 (영어든 중국어든) 직접 커뮤니케이션하면서 문제를 해결한다고 가정해보자. 아주 끔찍한 상황이 될 것이다. '폭탄 돌리기'를 하면서 서로 책임을 회피하느라 바쁠 것이다. 서로 무슨 이야기를 하는지 이해도 안 될 뿐더러 시간은 하릴없이 흘러가고 제대로 런칭할 가능성은 매우 희박해진다. 내 판단으로는 크든 작든 대부분의 한국 게임 실패 사례가 이런 과정 속에서 나왔다.

　큰 회사끼리 한다면 이런 문제가 과연 없을까? 아니다. 큰 회사 대 큰 회사라면 더욱더 담당자들이 책임지지 않는 범주에서만 이야기할 것이기 때문에 상호간의 피드백에 더 오랜 시간이 걸릴 것이다. 오너가 직접 나서서 챙기지 않는 한 말이다. 게임 현지화 과정부터 런칭까지 가는 데 그래서 최소 1년 이상 걸리는 것이다. 이건 전형적인 프로세스의 문제다. 이 프로세스를 개선하지 않는 한 앞으로도 실패는 계속될 것이다. 모바일 게임에서는 1년이면 강산이 바뀐다. 당연히 성공 확률이 떨어질 수밖에 없다.

　그럼 해결 방법이 없는 것일까? 그렇지도 않다.

■ 문제 해결을 제대로 하는 사례

그림: 유영욱
〈게임회사 취업 가이드〉 저자

이 카툰의 내용처럼 하루 만에 샘플을 참조해서 코드를 수정

하니, 호출 정보가 제대로 불려지는 것이 확인되고 재검수 후 통

과하는 데까지 4~5일이 걸렸다. 원래 계획했던 것보다 약 일주일

늦어지긴 했지만 그래도 원활하게 해결된 것이다. 그리고 서비스를 시작했다(이건 최근에 어느 똑똑한 중국 운영사와 똑똑한 한국 개발사가 일하는 것을 직접 지켜본 케이스 스터디다. 두 회사의 대응이 신속한 것을 보고 진심으로 박수를 보냈다. 손바닥도 마주쳐야 소리가 나는구나!).

카툰으로 본 두 사례의 차이는 단지 하나뿐이다. 담당자로 누구를 만났느냐의 차이이고, 조금만 더 거슬러 올라가면 그 담당자 스스로가 적극적으로 일할 수 있는 회사 분위기가 조성되었는가의 차이다. 혹은 전담팀이 있고 얼마나 관심을 가져주는가의 문제인 것이다.

최근 한국 굴지의 퍼블리셔에서 주력 서비스들을 맡아 진행하다가 독립한 한국의 중소 규모 퍼블리셔 대표와 이야기를 나눌 기회가 있었는데, 비슷한 이야기를 들었다. '큰 회사는 라인업이 많아 공용 리소스가 많고 대응이 시스템화할 수밖에 없다. 초반 KPI에 따라 마케팅 물량이 바뀔 뿐만 아니라 공용 지원 리소스를 뺄지 투입할지도 결정한다. 너무 일찍 생사가 결정되는 구조다. 그것을 보니 전담팀으로 마치 우리 것처럼 운영해줄 수 있는 중소형 퍼블리셔 시장을 엿보았고, 회사를 설립할 생각을 했다.'는 인상적인 내용이었다.

뻔한 이야기지만 '내 것처럼 해줄 수 있는 파트너'를 만나는 것이 가장 중요하다. 알려진 정보가 부족하고 언어의 압박이 있는 중국에서는 더더욱 그럴 것이다.

그러므로 어떻게^{How} 할지보다 누구^{Who}랑 할지가 더 중요하다. 게임 운영은 기계가 아닌 사람이 하는 일이기 때문이다.

6장

향후
중국 시장을 전망한다

그들이 한국을 찾는 이유: 한국 모바일 게임의 경쟁력

최근 중국 게임회사들의 한국 진출이 눈에 띄게 활발해지고 있다. 일찌감치 한국 내 법인 설립을 완료하고 투자와 퍼블리싱 중심의 조직을 운영하고 있는 텐센트, 한국 온라인 게임시장 진출을 위해 넥슨과 합작회사를 설립했다가 100% 단일 회사로 전향한 퍼펙트월드, 아웃소싱 위주의 조직을 운영했던 창유 등은 이미 한국에서 자리잡은 지 오래된 온라인 게임 사업 중심의 회사이지만 쿤룬, 추콩, 이펀, 37WAN, ZQ, 4399, 로코조이, 롱투게임즈, 가이아모바일 등은 모바일 게임이 주력 게임산업으로 발전한 시기인 비교적 최근에 한국에 진출한 케이스다. 아울러 그 외에도 현재 한국 진출을 타진하고 있는 중국 회사가 적지 않은 것으로 알려져 있다. 왜 그들은 한국에 진출하는 것일까?

첫 번째 이유는 한국 시장 자체의 매력도가 높기 때문이다. 한국의 구글 플레이 스토어는 이미 일본, 미국에 이어 전 세계 3위권의 매출 규모를 가질 만큼 규모 있는 시장으로 성장했다. 중국의 경우는 공식적인 구글 스토어 자체가 없기 때문에 공식 집계가 되지 않는다. 다만 1장에서 밝혔듯 3자 마켓과 이동통신사 마켓 등 전체 안드로이드 플랫폼 시장의 규모를 합하면 글로벌 1, 2위를 다투는 수준으로 성장했다.

슈퍼셀이 〈클래시 오브 클랜〉의 TV 광고를 비롯한 공격적 마케팅을 통해 이미 한국 시장에서 충분한 수익을 거뒀고, 또 하나의 글로벌 강자인 킹닷컴도 글로벌 히트작 〈캔디크러쉬 사가〉에 이어 신작 〈캔디크러쉬 소다〉의 대대적인 마케팅을 진행하면서 한국 시장에 대한 공략을 늦추지 않고 있다. 이름 꽤나 알려진 글로벌 혹은 중국 회사들은 이미 한국 시장에 대부분 진출했거나 진출을 적극적으로 검토하고 있는 상황이다. 바꿔 말하면, 전 세계의 유력한 회사들은 한국 모바일 시장에 대해 시장 자체의 매력만으로도 충분히 진출할 만한 가치가 있다고 판단하는 것이다.

한국 내부에서 바라보는, 다시 말해 한국의 모바일 게임업계가 자체적으로 평가하는 한국 시장은 '성장이 정체되어 경쟁만 치열한 레드오션 시장'이다. 나 역시 그 평가에는 동의하지 않을 수 없다. 하지만 중국 회사가 바라보는 한국 시장은 '중국 시장에 비해 위험 변수가 적은 정직한 시장'이다. 이처럼 한국 시장에 대한 새로운 시각과 평가가 존재하고 있다.

이 의미를 좀 더 구체적으로 설명하면, 일정 수준 이상의 게임성과 잘 짜여진 BM(수익 모델), 여기에 확실한 마케팅 화력(자금)만 갖추고 있다면 한국 시장에서 적어도 손해를 보지 않을 자신감이 있을 뿐만 아니라, 흐름만 잘 타면 높은 수익도 낼 수 있다는 기대감이 큰 것으로 해석할 수 있다. 아울러 그래픽, 유행하는 게임 장르, UX 등 게임 전반을 구성하는 결과물의 스타일이 한국과 중국 유저의 정서상 상당 부분 일치할 뿐 아니라, 중국식 BM도 한국에서 잘 통한다는 것이 이미 서비스된 중국 게임의 실적을 통해 증명되었기에 향후에도 그런 자신감은 더욱 높아질 것으로 보인다.

사실 중국 시장에는 조금 전 언급한 세 가지 요소를 다 갖추고도 예측하기 힘든 변수가 너무 많다. 대응해야 할 마켓이 다양하고, 네트워크 환경은 여전히 열악하며, 디바이스의 종류는 너무 많다. 특히 마케팅 비용이 증가하며 부담이 커지는 추세도 그들을 고민스럽게 한다. 아울러 큰 금액의 마케팅 비용을 집행하고도 그 효과를 정확히 측정(혹은 예측)할 만한 방법이 뚜렷하지 않은 점도 의사결정권자들이 대규모 투자를 위한 결단을 내리는 데 큰 변수로 작용한다.

익히 알려졌다시피, 애플 앱 스토어를 제외하면 중국의 모바일 마켓의 랭킹은 그다지 투명하지 않다. 좀 더 노골적으로 이야기하면, 각 마켓은 사업적 이해관계에 따라 얼마든지 게임 순위를 인위적으로 바꿀 수 있다. 우리의 시각으로 보면 이해할 수 없는 참 이상한 시장인 것이다. 한국의 경우 구글과 애플 양대 스토어에서 상위의 다운로드 랭킹을 유지하는 것만으로도 런칭 초기에 충분한 마케팅 효과를 얻을 수 있는 것에 비하면, 중국 시장은 매우 복잡하다. 그러다 보니 중국 회사에 바라보는 한국 시장은 충분히 매력적인 규모를 가진 데다 자신들의 게임 스타일이 유저들에게 통하는 '우호적인 시장'이며, 마케팅의 변수가 거의 없다 보니 계획과 집행이 투명하고 리스크 관리가 비교적 손쉬운 '정직한 시장'으로 인식된다. 이것이야말로 중국 회사들이 앞다퉈 한국에 진출하는 핵심적인 이유다.

　시장 진출 외에 노리는 두 번째 효과로는 '유능한 한국 개발 스튜디오의 발굴'을 꼽을 수 있다. 최근 〈도탑전기〉의 큰 성공과 게임 속의 혁신적인 BM을 지켜본 한국의 모바일 게임 퍼블리셔나 개발사들은 중국에 추월당했다는 위기감과 더불어, 그들에 비해 역량이 부족하다는 자책감마저 느끼곤 한다. 하지만 전혀 그럴 필요가 없다. 중국 회사들의 입장에서 볼 때 한국 회사는 여전히 창조적인 능력을 갖추고 효율적으로 작업하는 매력적인 스튜디오이기 때문이다.

　중국에서는 게임을 만드는 과정을 일종의 상품 제작으로 인식한다. 이와 달리, 한국에서는 여전히 작품 활동이나 문화 콘텐츠 창작의 범주에서 게임 개발을 바라보고 있다. 이와 같은 인식의 차이로 인해 중국과 한국의 게임시장은 각기 다른 특성을 가지게 되었다. 전자의 경우 〈도탑전기〉 같은 노골적이면서도 혁신적인 BM의 발전이 이뤄지는 환경을 마련했고, 후자의 경우는 창의적인 게임 시스템이 꾸준히 발전 가능한 시장으로 이어지게 된다.

　중국 게임업계는 한국 회사에 대해 개발 능력이 우수하고 열정적인 개발자들을 다수 보유했으며 창의적인 도전 정신으로 새로운 시도를 두려워하지 않아 기발한 게임을 만들어내는 역량을 갖춘 것으로 높이 평가한다. 때로는 과도한 자존심이 BM이나 중국 현지화 등을 둘러싼 협업을 어렵게 만든다는 점도 지적하긴 하지만, 적어도 현 시점에서는 한국 회사의 단점보다 장점에 더 주목하고 있는 것이 분명해 보인다.

초기 리스크에 해당하는 계약금 등의 조건도 괜찮다고 보는 편이다. 물론 한국에서 큰 성공을 거둔 타이틀(가령 〈블레이드〉 같은 게임)들이 예외적으로 높은 계약금을 형성하기는 하지만, 현재 중국에서 잘 만들어진 RPG의 계약금 수준이면 한국에서 어지간한 수준의 타이틀을 확보하기가 어렵지 않다. 한국 게임의 확보 금액이 몇 년째 정체된 반면에, 중국 게임의 계약금 액수는 최근 몇 년 사이에 급격히 상승한 결과이기도 하다. 게다가 게임의 결과물이 훌륭하거나 시장에서의 초기 반응이 좋을 때, 스튜디오에 투자하거나 아예 인수하기에도 한국 개발사는 조건이나 협상 과정 등에서 우호적이라는 장점도 있다(한국인의 협상 능력은 확실히 중국인들에게 밀린다. 한국인의 협상 방식은 좋게 이야기하면 시원시원하지만 나쁘게 이야기하면 성급하다. 따라서 실리를 얻기 위한 협상력이라는 측면에서는 손해보는 경우가 많다.).

세 번째로는 전 세계 1위 시장이 될 자신들의 중국 시장과 유사한 정서를 가진 덕분에 게임성과 BM 등을 미리 점검해보는 테스트베드로서의 역할도 무시할 수 없다. 한국 시장은 전 세계에서 가장 우수한 네트워크 환경을 갖췄고 신기종 디바이스에 대한 관심도 매우 높은 편이다. 따라서 하이엔드 시장을 점검하기에 이보다 더 적합한 시장은 찾기 어렵다.

종합해보면, 시장 자체가 매출 규모 면에서 높은 수익을 기대케 하고, 사업을 전개하는 데 중국에 비해 위험 변수가 적어 리스크 관리 면에서 유리하고, 상대적으로 창의적인 결과물을 뽑아내며, 기술적으로도 안정된 개발 스튜디오의 발굴을 겸할 수 있으니 한국 진출 러시가 생길 수밖에 없는 것이다. 여기에 지리적으로 가까운 이점도 있고, 한류라 일컬어지는 한국의 문화 콘텐츠 전반이 한국에 대한 인식을 긍정적으로 심어주는 심리적인 효과도 동반되고 있다. 더욱이 세계에서 네트워크 환경이 가장 발전한 국가라는 점과 최상의 디바이스를 추구하는 유저들의 성향을 감안할 때 전략적으로 한국 시장에 진출해야 할 이유는 충분해 보인다.

그러면 이처럼 막강한 자본력을 갖춘 중국 회사가 한국으로 진출하는 상황에서 한국 게임업계는 어떻게 대응해야 할까? 사실 한국 게임업계에는 '이대로 중국 자본에 종속되는 것이 아닌가?'라는 위기감이 이미 자리잡은 상태다. 실제로 넷마블(〈몬스터 길들이기〉, 〈세븐나이츠〉, 〈모두의 마블〉, 〈레이븐〉), 4시33분(〈블레이드〉, 〈영웅〉), 파티스튜디오(〈아이러브커피〉), 플린트(〈별이 되어라〉) 등 한국의 모바일 게임시장을 지배하는 유력 회사들이 모두 중국 자본의 투자를 받았다.

또한 롱투게임즈와 로코조이는 한국의 코스닥 상장사를 상대적으로 저렴(?)하게 인수해 한국 증시로 우회상장했다. 중국과 한국 증시의 규모를 비교해볼 때 중국 회사들 입장에서는 한국 상장사를 싸게 인수하면 중국이나 홍콩의 자본시장에서 인수에 따른 가치 상승을 바로 평가받을 수 있으므로 전혀 손해 볼 것이 없다. 따라서 중국 회사들이 한국 게임업계를 상대로 손쉬운 '머니게임'을 한다는 우려마저 나오는 형편이다.

제주도에 중국 자본의 대거 유입으로 부동산 개발 붐이 일어나면서 '이러다가 제주도가 중국 영토가 되는 것 아닐까?'라고 우려하다가도, 정작 중국으로부터 자신의 땅을 매입하겠다는 제안이 오면 거절하기 힘든 것이 인지상정人之常情으로 설명되는 이율배반적인 인간의 본성이다. 마찬가지로 중국 자본의 투자나 퍼블리싱 제안을 기다리는 한국 개발사의 속마음은 '기술적인 부분을 다 빼앗기고 결국 뒤처지지 않을까?'라는 걱정보다는 그 기회가 자신에게도 찾아오기를 바라며 기다리는 쪽에 가까울 것이다.

하지만 자본의 투자는 어떠한 산업에서도 성장과 발전을 이루는 가장 중요한 요소이니 그 자체를 두려워할 필요는 없다. 제주도의 땅을 중국인이 많이 소유해도 그 땅을 중국으로 가져갈 수 없듯이, 자본을 통해 모바일 게임에 대한 기술력을 한 단계 높은 수준으로 끌어올려 중국이라는 빅마켓에서 더 큰 성공을 거두면 된다.

현재의 시장 분위기에서 가장 중요한 부분은 한국 시장의 건전한 생태계 조성이다. 스마트폰의 폭발적인 보급과 더불어 한국의 모바일 게임시장은 가파르게 성장했지만 너무 단기간에 성장이 정체되며 어려움을 겪고 있다. 시장에서 게임의 다양성이 사라져가고 있고, 몇몇 대형 플레이어의 시장점유율만 높아지고 있다. 이런 흐름은 중국 자본이 한국 개발사의 장점으로 꼽는 창의적인 게임 개발의 토대에 심각한 위협이 될 뿐만 아니라, 미래의 성장동력을 잃어버릴 수도 있는 중요한 문제다.

재기 발랄한 게임 개발과 안정적인 서비스가 이뤄질 수 있는 환경을 우리 스스로 갖춰야 한다. 그렇게 조성된 모바일 게임 생태계에서 경쟁력을 갖춘 한국의 모바일 게임이 더 넓은 중국 시장으로 진출하고, 좋은 성과를 낼 수 있는 도전과 지원이 더해져 그 결실이 생겨난다면 PC 온라인 게임 시대에 자리잡은 한국 게임의 위상이 계속 유지될 것으로 기대할 수 있다.

중국 게임의 한국 진출을 위기가 아닌 새로운 기회로 여기는 도전 정신뿐 아니라, 도리어 그들 게임과의 경쟁에서 이겨 나가려는 강한 의지가 함께 필요한 시기다.

IP 확보 전쟁

2012년 중국 게임시장을 강타한 웹 게임 〈포키 파이러츠^{Pockie} ^{Pirates}〉는 전 세계에서 빅히트한 일본 만화 「원피스」를 원작으로 만들어졌다. 이 만화는 중국에서 정식 발매되지 않았지만, 인터넷의 발달로 일본의 유명 출판 만화나 애니메이션 등을 손쉽게 구할 수 있는 통로가 생겨남에 따라 「드래곤볼」, 「나루토」 등과 함께 중국의 젊은이들에게도 큰 인기를 누렸다. 이러한 인기 원작 만화의 세계관과 캐릭터를 가지고 만든 덕분에, 〈포키 파이러츠〉는 당연히 크게 성공했고 큰 인기에 걸맞은 수익도 거뒀다.

하지만 유저들이 이른바 '원피스 게임'으로 알고 있는 〈포키 파이러츠〉가 알고 보면 IP를 불법으로 도용한 게임이라는 것을 정작 중국 게임 유저들은 대부분 모르고 있었다. 사실 당시만 해도 이 게임이 불법인지 합법인지 여부는 유저들에게 주요한 관심사항이 아니었다. 2012년 차이나조이 B2C 부스를 화려하게 장식했던 불법 '원피스 게임'은 유저들로부터 뜨거운 호응을 얻었지만, 정작 「원피스」의 원 저작권자에게는 아주 씁쓸한 순간이 아니었을까?

▲ 2012년 중국에서 크게 히트한 웹 게임 〈포키 파이러츠〉. 일본 만화 「원피스」를 소재로 만든 이 게임은 불법적으로 IP를 도용했다.

　　중국 내에서의 불법 IP 침해와 무단 사용은 영화, 음반, 드라마, 출판 만화, 게임 등 다양한 콘텐츠 분야에서 아주 오랫동안 이뤄져 왔다. 중국에서 한국 영화 붐을 최초로 일으켰던 「엽기적인 그녀」(중국인들에게 「타이타닉」보다 더 사랑받은 영화다.)도 해적판을 통해 공전의 히트를 기록한 것이고, 그 영화의 주제곡인 가수 신승훈의 「I believe」는 공식 리메이크와 비공식 리메이크를 합해 중국 내에서만 대략 100명 정도의 가수가 불렀을 정도로 큰 인기를 얻었다. 물론 이와 같은 히트에도 불구하고 합법적인 계약을 통해 저작권 사용료가 지급되었다는 소식을 들은 적은 없다.

　　게임 분야로 돌아가서 살펴보자면, 한류 온라인 게임의 진정한 붐을 일으킨 〈미르의 전설〉과 〈뮤〉의 경우 공식 운영사인 샨다와 더나인이 나스닥에 상장될 정도로 큰 수익을 거뒀지만, 그에 못지않게 사설 서버로 많은 돈을 번 회사(혹은 개인)가 있었다는 사실은 그다지 알려져 있지 않다. 이처럼 당시에도 한국 게임의 성공을 둘러싸고 빛과 어둠이 공존했다. 중국의 게임 운영사가 사설 서버에 강력히 대응하기 시작한 것은 2006년 텐센트가 〈크로스파이어〉와 〈던전앤파이터〉를 서비스하면서부터였다.

중국에서 실패한 게임은 대부분 해킹과 사설 서버를 막지 못해서라고 해도 과언이 아닌 현실이다. 그런데 기술적인 부분에 가까운 해킹에 비해 사설 서버는 방대한 감시 인력이 필요하고 끊임없는 (법적) 대응을 해야 하는 터라, 많은 비용과 시간, 노력을 들여야 한다. 그러므로 자본의 힘이 뒷받침되지 않는 작은 규모의 회사라면 이 부분은 쉽지 않은 문제일 수밖에 없다.

상황이 이렇다 보니 공식 운영 주체가 중국 내에 없는 경우 불법 IP의 도용은 매우 일반적인 현상이고, 공식 운영 주체가 있어도 그것을 막기란 쉽지 않았다. 유저들에게 IP와 저작권이란 인식은 희박했고, 따라서 재주는 '곰'(한국 개발사)이 부리고 돈은 '왕서방'(중국의 사설 서버 운영업체)이 버는 상황이 오랫동안 지속되었다. 시장의 규모가 곧 국력이 되어버린 경제의 논리 앞에서는 더더욱 말이다.

그러나 때는 바야흐로 2015년이다. 그리고 중국도 시대의 새로운 조류를 맞이하고 있다.

중국은 이미 세계 2위의 경제대국이 되었고, 그야말로 모든 분야의 빅마켓으로서 세계 메이저 기업들의 각축장이 되었다. 이에 따라 중국 내 기업들의 인식과 사용자들의 인식이 놀라운 속도로 변해가고 있다. 그중 눈에 띄는 하나가 IP와 저작권에 대한 인식이다.

물론 기업들이 저작권에 대한 인식을 새롭게 하고 IP 확보에 대해 좀 더 고민하는 이유가 오로지 저작권 보호 때문만이라고는 생각하지 않는다. 단지 자신들의 이익을 좀 더 극대화시키기 위해서다. 기업은 좋은 것을 나눠 쓰기보다 독점적으로 쓰기를 원하고, 독점적으로 좋은 것을 쓰면 수익이 높아질 뿐 아니라 해당 기업에 집중된다.

누구나 제한 없이 쓸 수 있는 「삼국지」 관련 게임은 1년에 수백 편씩 나오는데, 그 경쟁 대열에 합류하기보다 「삼국지」만큼 지명도가 있는 IP를 확보하면 경쟁도 피할 수 있고 유저들에게 더 쉽게 다가설 수 있다. 또한 거대한 중국 시장에서 어마어마하게 요구되는 마케팅 비용을 절감할 수 있는 눈앞의 장점과 더불어, 그로 인해 막대한 수익을 기대할 수 있는 근본적인 장점을 모두 가지고 출발하는 것이다. 물론 그럴 만한 자본과 조직, 사업적 역량이 있는 메이저 플레이어에만 해당되는 이야기라는 점이 다소 냉정한 현실이기는 하다.

더불어 유저들도 변해간다. 극도의 실리를 추구하는 중국인들에게 여전히 저작권은 보호해야 할 대상이라는 인식이 충분히 자리잡지 못했다. 하지만 소득수준이 높아짐에 따라 점차 '산자이(짝퉁)'와 정품에 대해 구분하기 시작했다. 이는 자본주의에서 흔히 나타나는 일종의 경제적 계급과 일맥상통하는 부분이다. 일반적으로 돈이 있으면 비싼 명품을 사고 돈이 없으면 저렴한 상품을 구매하는데, 그 둘 사이에 있는 중간 단계의 물질적 욕구를 채워주는 '짝퉁 마켓'도 존재하는 것처럼 말이다. 물론 정품을 합법적으로 결제하는 유저들이 요구하는 서비스의 질적 수준이 높아지는 것은 당연한 일이다. 최소한 1급 대도시에서만큼은 과거처럼 사설 서버를 찾는 유저들의 수가 대폭 줄어들고 있고, 그 추세는 최근 들어 좀 더 뚜렷해지고 있다. 이런 흐름은 시간이 지날수록 더 고착화될 것으로 보인다.

이러한 시대적 변화의 흐름을 놓치지 않고 최근 중국에서 성공한 IP 기반의 게임을 몇 가지 예로 들면 다음과 같다.

전민기적

중국에서 가장 성공한 한국산 MMORPG가 〈미르의 전설〉이라는 점에 모든 업계 관계자들이 동의할 것이다. 그럼 두 번째로 성공한 게임은 무엇일까? 아마도 〈뮤〉일 것이다. 적어도 '넘버투'로서는 충분한 자격이 있는 게임이 바로 〈뮤〉다. 그러고 보니 〈뮤〉는 한국에서도 〈리니지〉에 이어 '넘버투' 온라인 게임의 위상을 오랫동안 유지하고 있었다. 참 묘한 부분이다.

〈전민기적〉은 바로 〈뮤〉의 세계관, 캐릭터, 그래픽, 게임 방식뿐 아니라 심지어 사운드까지 그대로 모바일로 이식했다. 성공한 IP를 모바일로 가져왔다는 점에서 앞서 언급한 〈포키 파이러츠〉와 유사하지만, 〈뮤〉의 경우 원 저작권자인 웹젠과 정식으로 라이선스 계약을 맺었다는 점에서 큰 차이가 있다.

게임의 최초 기획 단계에서부터 〈뮤〉를 염두에 두고 제작한 중국의 제작 및 유통사인 킹넷은 웹젠과의 성공적인 IP 라이선스 계약을 맺은 데다가, 사실상 정식으로 출시된 최초의 모바일 MMORPG(중국에서는 액션 RPG라고 한다.)라는 후광까지 더해지면서 중국 모바일 게임시장에서 돌풍을 일으켰다. 오픈 첫날에만 52억 원의 매출을 기록하며 중국 전역에 메가톤급 돌풍을 일으키더니 이후에도 서버를 꾸준히 증설해가면서 성공적인 스토리를 만들어가고 있다.

〈전민기적〉의 성공 요인에는 여러 가지가 있겠지만, 그중에서도 IP의 힘(특히 〈뮤〉의 경우, 온라인 게임 유저들을 모바일 게임으로 이끌었다는 평가마저 받는다.), 모바일로 제대로 이식된 초기의 MMORPG라는 상징성, 개발 및 운영을 진행하는 킹넷의 마케팅 및 운영 능력 등이 현지에서 주로 꼽힌다. 1장에서 말했듯이, 샤오미의 레이쥔 CEO가 직접 〈전민기적〉을 출시한 파트너 개발사를 방문해 덕담을 나누는 모습은 중국 모바일 게임시장에서 2014년 한 해 동안 가장 인상적인 장면 가운데 하나였다(이런 문화는 게임업계 관계자의 한 사람으로서 매우 부럽기까지 하다. 아마도 한국에서 게임은 각종 규제의 대상이기 때문이리라.).

그동안 웹 게임 전문회사로 인식되었던 킹넷은 〈전민기적〉의 성공을 통해 모바일 분야에서도 자사의 역량을 확인시켰고, 단숨에 중국 게임시장에서 초강자의 반열에 오르게 되었다. 당시 중국 내 '넘버원' 게임회사 텐센트가 〈워자오MT2〉(〈마스터탱커2〉)를 서둘러서 내놓은 것도 〈전민기적〉을 경계해서라는 말이 나올 정도였으니 킹넷의 새로운 게임이 일으킨 파장이 어느 정도였는지 짐작할 수 있다.

　〈전민기적〉의 성공은 게임의 원 저작자인 웹젠에게도 큰 호재
였다. 실적에 대한 기대감이 고스란히 주가에도 반영되어 웹젠은
2014년 하반기와 2015년 상반기에 주식시장에서 최고의 '신데렐
라'로 떠올랐다. 결국 두 회사의 이번 비즈니스는 모바일 게임
시장이 활성화된 이래 가장 성공적인 IP 협업의 사례가 아닐까
싶다.

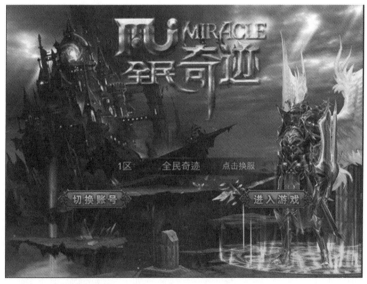

▲ 〈뮤〉IP 기반의 〈전민기적〉

워자오MT2

중국 모바일 게임시장에 붐을 불러일으킨 첫 번째 게임으로는 단
연 〈워자오MT〉를 꼽을 수 있다. 2013년 초 서비스를 시작한 이
래 약 1년간 중국 모바일 게임시장을 지배한 〈워자오MT〉의 성공

으로 개발사인 로코조이는 소규모 개발사에서 단숨에 대형 개발사(퍼블리셔)로 성장했다.

이 게임 성공의 일등공신은 단연 MT(마스터탱커)라는 캐릭터다. 하지만 좀 더 거슬러 올라가면 이 캐릭터는 블리자드의 〈월드오브 워크래프트〉에 등장하는 캐릭터를 변행해 만든 2차 저작물이다. SNS 등을 통해 개인이 제작한 MT 캐릭터가 큰 인기를 얻자, 당시 제작사인 로코조이는 단순히 게임으로만 접근해서는 성공하기 어렵다는 판단하에 MT 캐릭터에 대한 게임 내 라이선스 계약을 진행했고 이것은 결국 게임의 대박 성공으로 이어졌다. 다만 2차 저작물인 경우도 원 저작권자와 IP 계약을 맺어야 하고 계약 없이 상업적으로 이용할 경우 민형사상의 처벌도 받을 수 있는 일반적인 저작권법의 관점에서 볼 때 MT도 합법적이지 않은 문제가 있었다. 더욱이 그 원 저작권자가 천하의 블리자드라면 더더욱 쉽게 넘어갈 수 없는 사안이었다.

〈워자오MT2〉는 이런 부분에 대해 많은 고민을 했고, 다행(?)스럽게도 게임 서비스 이전에 블리자드와 합법적인 계약을 체결했다. 추측해보건대, 충분한 자금과 서비스 역량을 확보했음에도 개발사인 로코조이가 군이 텐센트와 퍼블리싱 계약을 맺은 것도 아마 텐센트 정도의 규모는 되어야 블리자드와 제대로 된 IP 관련 협상을 진행해 계약을 체결할 수 있다는 믿음이 있었기 때문일 것이다.

〈워자오MT〉가 누적 사용자 7,000만 명에 월 평균 200억 원의 매출을 올렸었다면, 텐센트를 통해 이제 막 서비스된 후속작 〈워자오MT2〉는 서비스 초기인 현 시점으로만 놓고 봐도 전작이 거뒀던 실적을 쉽게 뛰어넘을 전망이다. 2014년 12월 정식 런칭된 〈워자오MT2〉는 출시 34시간 만에 애플 앱 스토어의 유료, 무료, 매출 부문 모두에서 1위를 달성했기 때문이다. 중국의 경우 안드로이드 마켓은 공식적인 집계가 없기에 애플 앱 스토어에서의 실적이 게임 성공의 실질적인 바로미터가 된다. 다시 말해, 〈워자오MT2〉는 현재 기대만큼의 대박을 터뜨리고 있는 것으로 보인다.

▲ 〈마스터탱커2〉로도 알려진 〈워자오MT2〉

천룡팔부 3D

〈천룡팔부〉는 중화권 최고의 인기 작가인 김용의 소설을 원작으로 하고 있다. 사실 김용은 「천룡팔부」 외에도 「신조협려」, 「사조영웅전」, 「소오강호」, 「녹정기」 등의 인기작들을 내놓았다. 그 어떤 작품도 베스트셀러가 아닌 것이 없으니 정말 대단한 작가다. 이런 김용의 소설을 원작으로 한 게임은 중화권에서는 90년대 패키지 게임 시절부터 많았으며, 온라인 게임으로 넘어와서도 그 인기는 사그라들지 않고 있다.

김용의 소설은 중국의 역사적 사실에 허구적 등장인물이 적절히 조합되는 팩션Faction의 구조이기에 중국인들에게 사랑받고 있을 뿐 아니라, 게임 제작에도 매우 적합한 서사적 구조를 가지고 있어서 공식적으로 또는 비공식적으로 게임에 자주 활용되었다. 소설의 시대적 배경뿐만 아니라 등장인물, 그리고 중국 무협에서 가장 중요한 소재인 무공의 연원까지 전방위적으로 많은 게임에 도입되고 있다.

하지만 TV 드라마나 영화 쪽과는 달리, 원작자인 김용과 본격적인 IP 계약을 맺기 시작한 지는 불과 몇 년밖에 되지 않았다. 그리고 그중에서 게임 콘텐츠로 가장 크게 성공한 작품이 바로 창유를 중국의 대표 개발사 가운데 하나로 만들어준 〈천룡팔부 온라인〉이다.

〈천룡팔부 3D〉는 중국에서 크게 성공한 온라인 게임인 이전 버전의 정식 IP를 활용한 모바일 게임으로, 2014년 10월 출시 이후 1개월 만에 410억 원의 매출을 올려 김용과 중국발 IP의 힘을 다시 한 번 과시했다.

그 밖에도 창유는 한국의 인기 온라인 게임이었던 〈카발 온라인〉의 모바일 버전 IP 권한도 획득하는 등 차기 라인업에 대한 준비도 게을리하지 않고 있다.

▲ 김용 원작의 〈천룡팔부 3D〉

몽환서유

〈몽환서유〉는 넷이즈를 중국을 대표하는 개발사로 만든 온라인 게임이다. 한국산 게임에 의해 중국의 온라인 게임시장이 성장하던 무렵에 중국을 대표하던 게임이 바로 〈몽환서유〉였다.

이후 한국 게임들에 대한 여러 형태의 규제 등이 이어지면서 중국의 개발사들이 약진했는데, 〈몽환서유〉의 넷이즈가 특히 두드러졌다. 이후 〈몽환서유〉는 중국을 대표하는 온라인 게임으로 오랫동안 중국 게이머들로부터 사랑받았다.

넷이즈는 2015년 4월 자사의 유명 게임 IP를 기반으로 만든 〈몽환서유 모바일〉을 발표했고, 이 게임은 다운로드 1위와 매출 1위를 유지하며 4월의 최고 게임으로 떠올랐다. 특히 최소 월 매출이 1,000억 원을 돌파했을 만큼 압도적인 실적을 자랑했다. 글로벌 '톱4'에 해당하는 실적이다. 중국 시장이 주요 타깃이었음에도 압도적인 성과를 거둔 것이다. 「서유기」라는 익숙한 소재를 활용한 데다가, 오랫동안 중국 온라인 게임 유저들에게 인기를 얻은 게임의 IP를 기반으로 만든 것이 〈몽환서유 모바일〉의 성공 요인으로 꼽힌다.

▲ 2015년 4월 글로벌 매출 4위를 기록한 〈몽환서유〉

이렇듯 경쟁력 있는 IP는 갈수록 치열해지는 중국 게임시장에서 성공을 위한 핵심 요소로 떠오르고 있다.

제작의 측면에서 볼 때 IP는 소재에 고민하는 개발팀에게 영감과 더불어 손쉬운 제작 방향을 제시해주고, 마케팅과 사업적 측면에서는 유저 유입을 위한 비용과 노력을 절감시키는 장점이 있기 때문이다. 또한 유저 입장에서는 IP 활용에 따른 게임 환경의 익숙함이 신작 게임의 홍수 속에서 어떤 것을 선택할지 고민할 때 중요한 기준으로 작용할 수 있다.

2014년 말을 기준으로 중국 회사들의 IP 확보 현황은 다음과 같다.

업체명	IP 특징	내용	모바일 대표작
창유	김용 무협소설 IP	김용 무협소설 10부	〈천룡팔부 (3D)〉
거인(Giant)	IP 대량 보유	IP 40+	〈중국호접무〉
Dream	고룡 무협소설 IP	「고룡영웅전」 계열	〈고룡영웅전〉
SDO	중국 내 애니메이션 IP	중국 애니메이션	〈혈족〉
퍼펙트월드	일본 게임 IP	일본 게임 계열	〈Magic Baby〉
넷이즈	자체 IP	자체 개발한 게임들	〈천하 HD〉
중소요	일본 애니메이션 IP	「원피스」, 「나루토」 등	개발 중

▲ 중국 기업들의 IP 확보 현황

IP를 기반으로 한 게임이 그렇지 않은 게임에 비해 다운로드 수 및 전환률, 매출 등에서 월등하다는 판단하에 규모 있는 회사일수록 더 많은 비용을 들여서 IP를 확보하는 데 열을 올리고 있다. 바야흐로 IP 확보 전쟁이라는 말이 어색하지 않을 정도다. 이로 인해 IP 가격은 천정부지로 뛰어오르고 있다. 특히 창유가 확보한 「태시명월」의 경우 1.5억 위안 이상을 투입한 것으로 알려지며 업계에 새로운 기록을 만들기도 했다.

▲ 중국 모바일 업계 IP 확보 추세 (출처: Green Paper)

　　따라서 현재 중국 모바일 게임시장에서 가장 중요한 화두를
하나 꼽자면, 유저들에게 다가설 수 있는 좋은 IP를 확보하는 것
이다. 즉, 매력적 IP를 확보하는 회사가 가장 우수한 경쟁력을 갖
출 것이란 생각이다. 이미 중국에서 1차적인 IP 확보 경쟁이 마무
리되고 있는 현 시점에서는 메이저 회사들이 한국 IP를 확보하기
위해 부지런히 움직이고 있다는 후문도 심심치 않게 들려오고 있
다. 최근 한국의 인기 만화인 「열혈강호」의 IP가 룽투게임즈에 계
약되었고, 한국의 유명 온라인 게임인 〈카발 온라인〉도 계약을 마
쳤다. 그 밖에도 많은 IP들이 중국 기업과 계약 협상을 진행 중인
것으로 알려져 있다.

중국 정부의 규제

중국 정부는 그 어떠한 산업도 자신들의 엄격한 통제하에 관리되기를 바란다. 정치체제가 그러하다 보니 경제활동에 있어서도 규제와 통제는 꽤나 보편적인 것이며 하는 쪽이나 받는 쪽 모두 매우 익숙해져 있는 상태다.

중국에는 온라인 게임 시대에 만들어진 판호^{版號} 제도가 있다. 판호는 쉽게 말해 '상품 서비스를 하기 위한 허가증'을 의미하고, ICP(인터넷 경영 허가증)를 보유한 기업만 판호를 신청할 수 있다. 중국 공상국에서 발급하는 ICP는 온라인(인터넷)상에서 발생하는 모든 서비스를 운영할 자격을 기업(혹은 개인)에게 부여하는 것이다. 경제적 수익 활동뿐만 아니라 비영리 활동, 이를테면 개인 홈페이지 운영 같은 행동일지라도 온라인상에서 무언가를 하려면 반드시 받아야 한다. 2010년 중국 통신법이 개정되어 쇼핑몰 등은 상대적으로 획득이 수월한 ICP비안(ICP批准, 비 경영성 허가증)으로 가능해졌지만 온라인 게임 서비스는 여전히 ICP비준(ICP批准, 경영성 허가증)을 받도록 되어 있다. 그리고 이 ICP비준은 반드시 중국 내자 법인만 받을 수 있도록 되어 있다. 다시 말해, 외국 기업은 중국에서 직접 게임 서비스를 제공할 수 없는 것이다. 이 ICP비준을 받은 중국 회사(내자 기업)만이 판호를 신청할 수 있다.

이 판호가 있어야 게임을 서비스할 수 있고, 판호 획득은 운영 회사가 반드시 마쳐야 하는 법적 절차다. 문제는 판호가 발급되는 데 걸리는 시간과 프로세스가 그때그때 다르다는 점이다. 빠르면 3개월 이내에 나오기도 하고, 느리면 1년이 걸려도 받지 못할 수도 있다. 내자 법인이 만든 제품의 판호와 외자 법인이 만든 제품의 판호로 구분되며, 판호 발급에도 '꽌시'가 작용한다. 힘이 있고

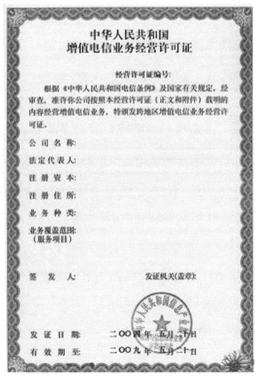

▲ 외국 회사들의 경우 받기가 쉽지 않은 중국 내 게임 판호

정부와 사이가 좋으면 빨리 나오고, 그렇지 않은 경우는 오래 걸린다. 일반적으로, 순수한 중국 회사에서 개발한 게임의 경우 비교적 빨리 나오지만, 외국으로부터 특히 한국 회사에서 수입한 게임의 경우는 처리가 매우 더딘 편이다.

2000년대 초중반은 한국의 온라인 게임들이 중국 게임시장에서 절반 이상의 점유율을 차지하던 시절이었다. 당시는 너도 나도 한국 온라인 게임을 수입해오는 것에 주력했다. 이에 따라 중국 자체의 게임 개발력을 키워야 한다는 자성의 목소리가 높아졌고, 게임시장 전체를 한국에 내주는 것 아닌가라는 두려움이 감돌았다. 이때 뜬금없이 판호의 절차가 강화된다. 정확히 말하면, 수입 게임에 대한 판호 절차가 그랬고 그중에서도 한국 게임들에 대한 판호 심사가 한없이 늘어졌다. 오픈 베타서비스를 하고 정식 서비스를 준비해야 할 운영사들이 판호를 받느냐 못 받느냐, 혹은 언제 받느냐 등의 이슈로 골머리를 앓으면서 서비스를 제대로 준비하지 못해 실패하는 경우가 많았다. 그나마 판호를 받아내서 서비스를 시작하면 다행이고, 끝내 판호를 받지 못해 아예 서비스를 시작하지도 못한 게임들도 적지 않았다.

이 무렵 급성장한 한국 회사들은 여러 형태로 중국 진출을 시도했으나, 이러한 중국의 규제는 그런 한국 회사들의 도전을 실패로 만들었다. 자국 게임산업을 보호하기 위한 중국 정부의 자발적인 움직임인지 아니면 중국 기업들의 로비(판시) 탓인지는 알 수 없으나, 그로 인해 한국 회사들은 더 이상 판호를 받기 위한 자체적인 시도를 완전히 포기하고 중국 로컬 기업을 통해 판호를 획득하는 방식으로 완전히 돌아섰다. 반면에 중국 개발사들은 이런 변화를 계기로 자체적으로 성장할 수 있는 토대를 마련했다. 적어도 중국 정부는 자국 산업을 보호했다는 명분을 얻을 수 있었고, 중국 회사들은 자체 개발작으로 급성장할 수 있는 실리를 얻었다.

이후 시간이 더 흘렀고 모바일 게임 시대로 바뀌었다. 그 사이에도 〈크로스파이어〉, 〈던전앤파이터〉 같은 한국 게임이 중국에서 빅히트했지만, 중국 정부의 규제로 인해 게임시장의 헤게모니가 확실히 중국으로 넘어간 상황이다. 중국 게임시장은 온라인 게임(클라이언트 게임)과 웹 게임, 모바일 게임이 공존하며 각각의 시장을 형성한 모습이다. 그러면 모바일 게임과 관련해 이뤄지는 중국 정부의 규제는 어느 정도 수준일까?

결론부터 이야기하면, 모바일 게임 시대가 시작된 이후로 지금까지는 규제가 거의 없는 편이다. ICP가 없어도 게임을 서비스하는 것이 가능한데, ICP는 플랫폼 회사가 받는 허가증이기 때문이다. 타오바오에 입점하는 업체가 ICP 허가증이 필요없는 것처럼 360, 바이두, 잉용바오 같은 마켓에 게임을 서비스하는 데 ICP나 판호는 필요 없다. 개발자 등록을 마치고 해당 SDK를 받고 적용해서 관련 업로드를 마친 후 서비스를 시작하는 것으로 모든 절차가 종료되기 때문이다.

심지어 외국계 회사도 직접 서비스할 수 있다. 각 마켓들은 내자 회사와 외자 회사를 가리지 않기 때문이다. 정산과 세금 납부를 위해 중국 내 법인 통장과 세금계산서 등의 발행이 필요한데 사실 이 부분만 처리해주는 대행사를 찾는 것은 어려운 일이 아니다. 5장에 설명했던 방식대로, 서울에 있는 모바일 개발사가 중국에 있는 세무 및 정산, 송금을 대행해주는 회사를 통해 중국 내 마켓에 게임을 올리고 서비스하는 것이 가능하다는 의미다.

하지만 이러한 부분들은 그야말로 해당 규제 정책이 아직 제대로 마련되지 않았기에 가능하다. 정책은 언제든지 바뀔 수 있다. 온라인 게임 시대에 비춰본다면, 중국 정부가 자국 산업을 보호해야겠다는 의지가 생겼을 경우나 중국 회사들의 로비(혹은 꽌시)가 개입된 경우일 것이다. 이 이야기는 바꿔 말하면, 외국계 회사들의 경쟁력 있는 게임들이 들어와서 시장점유율을 높일 경우 이런 규제 정책이 생길 가능성이 매우 높다는 의미다. 중국 기업들이 지금처럼 굳건히 시장을 점유하고 있다면 단기간에 규제 법안이 생기지 않을 수도 있다. 어쨌든 외국 기업 입장에서는 중국 정부의 정책적인 움직임에도 민감하게 대비해야 할 필요가 있다.

트렌드 예측

중국 시장은 점점 성숙한 시장으로 변모해가고 있지만 향후 3~5 년은 변함없이 기회의 땅일 것으로 예측된다. 현재의 한국 시장처럼 자본과 마케팅의 영향력이 중요하긴 한데 절대적이지는 않으며, 현재 시장의 성장률을 고려할 때 매년 새로운 슈터스타를 만들어냈던 흐름이 적어도 몇 년은 지속될 환경이다. 안타까운 현실이지만 한국은 더 이상 선데이토즈, 파티스튜디오, 데브시스터즈 같은 회사가 나올 수 없는 환경이 되었기에, 이제 그런 기회를 찾을 수 있는 유일한 방법은 여전히 성장 잠재력이 큰 매력적인 규모에다가 지리적으로 가깝고 정서적인 교감이 좋으며 한국 콘텐츠에 대해 우호적인 중국 시장에 진출하는 것뿐이라 생각한다. 그러면 향후에는 어떤 트렌드를 쫓고 어떤 모바일 게임으로 중국 시장에 접근해야 성공할 수 있을까?

결론부터 이야기하면, 중국은 한국에 비해 시장도 넓을 뿐 아니라 각 장르에 대한 수요층도 다양해서 각 장르마다 충분한 성과가 나오고 있다. 한국의 경우 몇몇 회사가 주도하는 특정 장르의 게임과 그 성공을 이뤄냈던 유사한 BM이 전체 시장을 주도하고 있다면, 중국의 경우 큰 시장 규모와 높은 성장률 덕분에 새로 운 형식과 시도에도 좀 더 열려 있는 편이다.

가령 〈애니팡〉과 같은 3매칭 퍼즐 게임도 중국에서 다수 출시 되었는데, 어떤 차별성을 추구했고 어느 마켓에 런칭했는가에 따라 그리고 플랫폼이 무엇인지에 따라 각각 다른 성과를 나타냈다. 예를 들어 〈텐텐아이쇼추^{天天爱消除}〉와 〈카이신샤오샤오러^{开心消消乐}〉는 플레이 방식이 매우 흡사한 게임들이다. 하지만 〈카이신샤오샤오 러〉는 웨이보를 중심으로 모든 마켓에 뿌려지는 형태로 발전했 고, 〈텐텐아이쇼추〉는 주로 텐센트 플랫폼을 중심으로 성장했다. 물론 둘 다 좋은 성과를 내고 있다. 이 사례들은 어떤 마켓에 어떤 SNS를 통해 접근할 것인가에 대한 전략만으로도 충분히 새로운 시장의 파이를 확보할 수 있음을 의미한다.

따라서 동일한 장르의 유사한 게임이 이미 중국 시장에 있다 고 해도 미리 실망할 필요는 없다. 접근 방식에 따라 일정 부분의 틈새시장을 충분히 공략할 수 있기 때문이다. 게임의 차별성(플레 이 방식, 캐릭터 등)을 어떻게 표현할 것인지, 유저에게 어떤 형식(마 켓, SNS 연동)으로 다가갈 것인지, 어떻게 BM을 만들 것인지 등을 충분히 고민한다면 넓은 시장의 특성상 시장에서 파이를 얻게 되 고 기회가 주어질 수 있다는 의미다.

모바일 FPS인 〈전민돌격^{全民突击}〉도 유행과 무관한 신선한 시도 로 대박을 냈다.

1인칭 슈팅 게임인 FPS는 0.1초 단위의 세심한 조작이 승부에 결정적인 영향을 미치고, UI의 특성과 화면 크기의 제약으로 인해

▲ 유사 장르가 많은 게임임에도 크게 성공한 〈카이신샤오샤오러〉

모바일에서는 성공하기가 어려울 것으로 예측되었던 게임이다. 실제로 이전에 실험적으로 나왔던 대작 모바일 FPS들은 꽤 잘 만들었음에도 이런 예측을 증명이라도 하듯 실패했다. 한국에서도 마찬가지였다.

그런데 〈전민돌격〉은 조작 방식을 좀 더 쉽게 바꾸고 FPS가 반드시 PVP 위주의 콘텐츠라는 고정관념에서 벗어났을 뿐 아니라, 도리어 성장과 아이템 파밍이라는 RPG 스타일을 가미해 게임성을 강화함으로써 중국 게임시장에서 2015년 상반기에 최고의 성과를 거두고 있다. 이 게임은 FPS의 조작 방식만 새로운 형태로 시도했을 뿐 게임 전반을 관통하고 있는 시스템은 이 책에서 반복적으로 언급하고 있는 〈도탑전기〉의 스타일을 접목했다. 즉, FPS 장르의 게임 같지만 RPG 식의 접근을 추가한 것이 장시간 플레이하고 결제하게 만드는 결정적인 동기를 부여한 셈이다. 물론 이런 대박급 성과의 배경으로 텐센트라는 중국 최고의 회사가 위챗 등의 플랫폼을 바탕으로 최고 수준의 마케팅을 지원한 점도 언급하지 않을 수 없다. 하지만 게임이 단지 마케팅 능력만으로 최고의 성과를 거두고 그 인기를 유지할 수 없다는 점을 감안할 때 〈전민돌격〉은 모바일 게임의 새로운 제작 트렌드를 여실히 보여

▲ 모바일 FPS 열풍을 불러일으킨 〈전민돌격〉

준 사례임이 분명하다.

RPG의 경우 〈도탑전기〉와 같이 소규모 형태에서 극대화된 효율성을 추구할 것인지, 아니면 〈전민기적〉처럼 월드맵에서의 압도적인 플레이를 추구할 것인지에 따라 달라진다. 대부분의 규모가 있는 퍼블리셔나 개발사의 경우 후자를 추구하고 있고, 이에 따라 IP 확보 등의 전쟁이 벌어지고 있지만 여전히 전자의 시장도 존재한다. 다만 캐주얼 게임과 달리 RPG의 경우 마니아층이 존재하고, 지금 플레이하고 있는 게임을 놓고 새로운 게임으로 갈아탈 만한 좀 더 명확한 이유를 제시해줘야 한다. 지금 유행하고 있는 〈도탑전기〉의 짝퉁으로는 유저들에게 인정받기 쉽지 않을 뿐더러 엄청난 경쟁에서 이겨야 한다. 각 퍼블리셔 관계자들의 의견을 들어보면, 2014년 하반기 이후 월마다 10개 이상의 〈도탑전기〉 유사 게임에 대한 퍼블리싱 요청을 받는다고 한다. 이미 시장에서 서비스되는 게임들과 준비 중인 게임들을 감안한다면 이 부분은 고민해봐야 할 것 같다.

액션 RPG는 중국인들이 전통적으로 좋아하는 게임 장르다. 게임로프트의 〈이터너스워리어스〉 같은 게임도 외국계 게임임에도 중국에서 성공했고, 한국의 〈다크어벤저〉는 특별한 마케팅 없이도 중국에서 유의미한 성과를 거뒀다. 한국에서 큰 성공을 거둔 액션 RPG 게임인 〈블레이드〉와 〈레이븐〉은 중국에서도 꽤 좋아할 만한 장르적 특성을 갖추고 있다고 판단되는데, 1기가바이트 내외의 엄청난 초기 용량이 게임 흥행을 좌우하는 가장 큰 변수가 될 것 같다. 현재 자본력과 기술력이 있는 중국 회사들이 주로 도전하는 장르가 액션 RPG다. 게다가 이 장르는 다른 장르에 비해 진입 장벽이 높은 터라 이미 준비된 한국 회사들이 있다면 충분히 도전할 만한 가치가 있다. 여기서 신경 써야 할 것은 최적화다. 네크워크 환경과 디바이스의 종류에 큰 차이가 있는 만큼, 안정적인 서비스 제공을 목표로 최적화하는 데 많은 준비가 필요하다.

결론: 한국 모바일 게임시장의 위기와 대안

2015년 한국 모바일 게임시장에서는 '위기론'이 대두되고 있다.

게임과 자본을 하나로 묶은 글로벌 기업과 중국 기업에 의한 연합 형태의 공습이 이 위기론의 주요 근거이며, 그 위기론의 실체는 한국 모바일 게임시장의 성장 정체로 나타나고 있다. 2012년 불붙기 시작해 2013년 급격히 성장했던 한국 모바일 게임시장이 너무 빨리 정체되어버린 것이다.

실제로 마케팅 비용이 급증해 어지간한 규모의 회사들은 유저를 확보하는 데 어려움을 호소하고 있고, 상황이 이렇다 보니 TV 광고 등으로 막대한 물량 공세를 펼친 게임들만이 시장에서 점유율을 장기간 유지하는 구조가 되어버렸다. 게임성이 우수해도 마케팅 비용의 부담이 커서 유저를 모으기가 어렵고, 이로 인해 성과를 내기 힘든 상황으로 이어지는 것이다. 여기에 우수한 게임성이 강점인 글로벌 기업과 검증된 BM을 갖춘 중국 게임들이 충분한 마케팅 예산을 가지고 한국 시장을 차근차근 공략하다 보니 한국 모바일 게임회사들은 내우외환內憂外患의 위기에 직면하게 된 것이다.

현재 시장분위기는
"내우외환"

정체된
성장

슈퍼셀, 킹닷컴
같은 글로벌 기업
과 중국기업들의
연합 공습

치열한 경쟁
부익부빈익빈
기회가 없다

고비용
저효율

검증된 게임성
공격적인 마케팅

▲ 한국 게임시장의 위기

　일반적으로 모바일 게임의 신규 유저 유입은 스마트폰 사용자의 증가에서 비롯되는데, 이미 한국의 스마트폰 보급률이 73%를 넘어서다 보니 신규 유저의 영입은 구조적으로 상당 부분 정체될 수밖에 없다. 결제까지 하면서 모바일 게임을 즐기는 유저는 더 제한적인데, 실제로 게임당 월 몇 만 원씩을 지불해가며 게임을 즐기는 과금 유저는 전체 유저 가운데 일부에 불과하다. 결국 신규 게임들은 이러한 과금 유저들을 서로 뺏고 뺏기는 경쟁에 빠져들 수밖에 없는 구조인 셈이다.

　하지만 이미 특정 게임에 수십만 원을 지불하면서까지 오랜 시간 즐겼다면 유저가 그 게임을 버리고 새로운 게임으로 갈아타기가 결코 쉽지 않다. 과금 유저들의 경우 보통 1~2개의 게임을 꾸준히 즐기다가, 새롭게 등장한 게임들을 약 1~2주 정도 플레이해보며 계속 플레이할지 말지를 결정하게 된다. 이미 서비스되고 있던 기존 게임과 비교해서 신작 게임들은 안전성이나 콘텐츠의 양이 여러 모로 부족할 수밖에 없다. 이렇다 보니 후발주자들은 게임의 완성도와 콘텐츠 측면에서 기존 게임들에 뒤지지 않는 수준을 보여줘야 하고, 이와 함께 압도적인 초기 유입을 이끌어낼 수 있는 마케팅 수단도 필요하다. 이런 상황에서 결국 작은 규모의 회사들이 어려움을 겪게 되는 것은 어쩌면 당연한 수순이다.

이 문제는 시장의 양적 성장을 정체시킬 뿐 아니라 질적 성장도 저해하게 된다. 과거에는 모바일 게임의 일반적인 수명이 6개월 정도였지만, 지금은 1~2년씩 장기 집권하는 게임들이 많이 등장한다. 슈퍼셀의 〈클래시 오브 클랜〉 같은 게임은 3년째 글로벌 1위를 유지하고 있다. 왜 그럴까? 앞서 언급한 대로 새로운 게임을 하나 안착시키는 것이 어렵다 보니 새로운 게임을 개발하기보다 이미 자리잡은 게임을 운영(라이브 서비스)을 통해 라이프사이클을 늘려나가는 쪽으로 방향을 전환하기 때문이다. 훌륭한 라이브 서비스를 통해 장기간 양질의 게임을 즐기는 구조라면 업계나 유저 모두에게 좋은 일이겠지만, 불행하게도 오랫동안 게임을 즐기는 유저들의 사행심과 경쟁심을 자극하면서 소수의 헤비 과금러들의 추가적인 결제를 유도하는 쪽으로 운영 서비스가 집중된다는 것이 문제다. 즉, 신규 게임을 통해 새로운 도전이나 수익 창출을 시도하기보다는 이미 서비스 중인 게임에서 돈을 쓰는 유저들을 더 자극하는 쪽으로만 역량이 집중되니 시장의 질적 성장에도 문제가 발생하는 것이다.

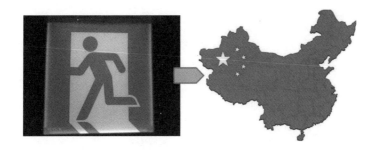

"미래를 위해 반드시 가야 하는 中国"

▲ 한국 시장의 위기 탈출구는 중국 시장이다.

현재의 위기를 극복하기 위해 시장이 주목하는 해법은 해외 진출이며, 그중에서도 중국 진출이 가장 유력한 대안으로 떠오르고 있다. 실제로 중국 시장에 대한 자본시장의 반응은 대단해서, 특정 게임의 중국 시장 진출이나 중국 회사와의 협업 소식만 전해져도 해당 회사의 주가에 바로 영향을 미칠 정도다.

하지만 온라인 게임과는 달리, 모바일 게임의 선도자들은 아직까지 중국에서 성공 사례를 만들어내지 못했다. 그 이유는 크게 두 가지다. 타이밍이 적절하지 못했고, 준비가 부족했기 때문이다. 그 원인과 어려움에 대해서는 이미 충분히 설명했다.

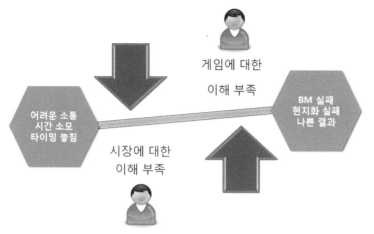

▲ 중국 시장에서 한국 모바일 게임의 실패 이유

　그럼에도 불구하고, 현재 한국 모바일 게임시장의 여건을 고려하면 중국으로의 진출은 필연적인 선택일 수밖에 없다. 생존할 수 있는 유일한 대안이기 때문이다. 한국 게임회사들은 억지로 버티면서 서서히 고사해가거나, 아니면 중국 시장으로 도전해봐야 할 선택의 기로에 놓여 있다. 물론 나로서는 도전을 권유하고 싶다. 그것이 가치 있는 도전이기도 하거니와, 중국 시장도 한국 시장처럼 언젠가는 반드시 성장이 정체될 것이기 때문이다. 내 예측으로는 3~5년 사이에 한국과 유사한 형태의 시장 구조로 레드오션화할 것으로 보인다. 따라서 현재 중국 진출을 고려하는 한국의 모바일 게임 기업이라면 성숙한 시장이 되기 전에 도전해볼 것을 권한다. 그 편이 좀 더 성공 가능성이 크기 때문이다. 부디 한국 기업들이 모바일 게임 분야에서도 〈미르의 전설〉, 〈크로스파이어〉 같은 게임을 만들어내기를 바라면서 이 책을 마무리한다.

부록

용어 설명

시장: 이 책의 본문에서는 '산업시장'을 의미한다. 즉, 중국 모바일 게임시장이라고 하면 중국 모바일 게임산업을 의미한다.

마켓(Market): 이 책의 본문에서는 '시장'과 구분해서 앱 마켓(App Market)을 가리키는 용어로 쓰였다.

3자 마켓(3rd Market): 구글 플레이 스토어가 없는 중국에서 제3의 서비스 사업자가 운영하는 마켓을 통칭하는 용어다.

BM(Business Model): 모바일 게임에서의 BM이란 돈을 버는 수단과 방법을 의미한다. 유료 모델, 무료 모델, 부분 유료화 모델로 나뉜다.

IP(Intellectual Property): 지적재산권을 말한다. 이 책에서 언급하는 IP는 창작 활동에 의한 1차 저작물의 결과와 그 권리를 의미한다.

운영사/퍼블리셔: 게임에 대한 유통과 서비스의 권리를 획득해 사업하는 회사. 중국어로는 운영사, 영어로는 퍼블리셔(Publisher)라고 한다.

차이나조이: 매년 7월 중국 상하이에서 열리는 국제 게임전시회. 한국의 지스타와 더불어 전 세계 게임업계 관계자가 모이는 무대가 된다.

판호: 온라인 게임 서비스를 위해 중국 정부로부터 반드시 받아야 하는 허가증. 각 게임별로 신청하고 허가를 받아야 한다.

꽌시: 관계(关系). 영어로는 네트워크, 우리말로는 인맥이라는 의미에 가깝지만 좀 더 복잡한 뜻을 내포하고 있다. 인맥, 의리, 네트워크 등의 종합적인 뜻을 가지고 있고, 중국에서 가장 자주 아울러서 중요하게 사용되는 의미다.

ICP: 중국 공상국에 의한 인터넷 서비스 운영 허가를 의미하며, 온라인(인터넷) 상에서 발생하는 모든 서비스를 운영할 자격을 기업(혹은 개인)에게 부여한다. 비 경영성 허가증인 ICP비안(备案)과 중국 내자 법인에게만 발급되는 경영성 허가증인 ICP비준(批准)이 있다.

부분 유료화/F2P: 부분 유료화와 F2P(Free to Play)는 동일한 의미다. 게임 BM의 하나로, 플레이 자체는 무료이나 특정 아이템 판매나 특정 기능 이용에 과금하는 형태다. 현재 모든 게임 BM 설계에서 대세로 인정받고 있다.

헤비 과금러: 모바일 게임 F2P BM에서 많은 돈을 결제하는 유저를 말한다. 수백만 원에서 정말 많게는 수천만 원 단위의 금액을 결제하는 사람들이 헤비 과금러에 속한다.

산자이(山寨): '모조품' 혹은 '짝퉁'을 의미한다. 중국의 산업은 수많은 산자이 제품을 양산하면서 크게 발전했다.

아이템 파밍: 게임, 특히 RPG에서는 좋은 아이템을 획득하기 위해 이전에 클리어한 스테이지를 반복해서 플레이하는 경우가 있는데, 이것을 아이템 파밍이라고 한다.

글로벌 원빌드: 하나의 게임 빌드에 가능한 한 다양한 언어를 제공해서 전 세계에 동시에 서비스하는 방식을 말한다. 다만 중국 시장의 경우 구글 플레이 스토어가 없어 글로벌 원빌드 전략이 불가능하다.

액션 RPG(ARPG): 전투의 액션 동작이 좀 더 화려하고 강조된 형식의 RPG를 말한다. 최근 중국에서 가장 인기 있는 게임 장르로 떠오르고 있다.

PVP: 'Player vs. Player'. 즉 플레이어 간의 대전을 의미한다. 게임에서 빠져서는 안 되는 핵심적인 기능이자 경쟁심을 부추기는 요소다.

리텐션(Retention): '잔존율'을 말한다. 가령 첫날 100명의 유저가 접속한 후에 다음날 40명의 유저가 재접속하게 되면 D+1 리텐션은 40%가 되는 것이다. 이 리텐션은 모바일 게임으로 넘어와서 게임의 수익성과 마케팅 비용을 책정하는 가장 중요한 요소로 자리잡았다.

미들코어 RPG: 초창기 모바일 게임은 좀 더 쉽고 가벼운 게임이 선호되었지만, 하드웨어 성능과 개발 기술이 점차 향상되면서 더 복잡하고 어려운 게임으로 발전하고 있다. 이 과도기에 등장하는 RPG를 흔히 미들코어 RPG라 하고, 이후 온라인 게임 수준의 난이도로 만들어지는 것을 하드코어 RPG라고 한다.

진성 유저: 게임회사의 마케팅 수단에 의해 유입된 게임 유저가 아니라 본인이 해당 게임을 원해서 직접 찾아들어온 경우를 진성 유저 또는 오가닉(Organic) 유저라고 한다.

참고문헌

아이리서치(http://www.iresearch.com.cn/): 중국 인터넷 시장조사 기관
뉴주(http://www.newzoo.com/): 게임 전문 리서치 업체
17173(www.17173.com): 중국 게임 미디어 『2014년 대한민국 게임백서』, 한국콘텐츠진흥원 저

찾아보기

에이콘출판의 기틀을 마련하신 故 정완재 선생님 (1935-2004)

게임회사가 꼭 알아야 할 중국 시장 공략 가이드

중국 모바일 게임시장 이렇게 공략하라

인 쇄 | 2015년 7월 23일
발 행 | 2015년 7월 31일

지은이 | 김 두 일
그 림 | 유 영 욱

펴낸이 | 권 성 준
엮은이 | 김 희 정
　　　　전 도 영
　　　　전 진 태
표지 디자인 | 그린애플
본문 디자인 | 공 종 욱

인 쇄 | (주)갑우문화사
용 지 | 다올페이퍼

에이콘출판주식회사
경기도 의왕시 계원대학로 38 (내손동 757-3) (437-836)
전화 02-2653-7600, 팩스 02-2653-0433
www.acornpub.co.kr / editor@acornpub.co.kr

ISBN 978-89-6077-742-2
ISBN 978-89-6077-144-4 (세트)
http://www.acornpub.co.kr/book/china-game

이 도서의 국립중앙도서관 출판시도서목록(CIP)은 서지정보유통지원시스템 홈페이지(http://seoji.nl.go.kr)와
국가자료공동목록시스템(http://www.nl.go.kr/kolisnet)에서 이용하실 수 있습니다.(CIP제어번호:CIP2015019738)

책값은 뒤표지에 있습니다.